智库 中社

新时代智库出版的领跑者

中社智库

国家智库报告（2021）

National Think Tank（2021）

房地产市场调控政策国际比较研究

INTERNATIONAL COMPARATIVE STUDY OF REAL ESTATE MARKET REGULATION POLICIES

闫坤　李超　汪川　刘诚　著

中国社会科学出版社

图书在版编目(CIP)数据

房地产市场调控政策国际比较研究/闫坤等著.—北京：中国社会科学出版社，2021.5

(国家智库报告)

ISBN 978-7-5203-8548-0

Ⅰ.①房… Ⅱ.①闫… Ⅲ.①房地产市场—宏观经济调控—对比研究—世界 Ⅳ.①F299.233.5

中国版本图书馆 CIP 数据核字（2021）第 104275 号

出 版 人 赵剑英
项目统筹 王 茵 喻 苗
责任编辑 夏 侠 李 沫
责任校对 夏慧萍
责任印制 李寡寡

出　　版 中国社会科学出版社
社　　址 北京鼓楼西大街甲 158 号
邮　　编 100720
网　　址 http://www.csspw.cn
发 行 部 010-84083685
门 市 部 010-84029450
经　　销 新华书店及其他书店

印刷装订 北京君升印刷有限公司
版　　次 2021 年 5 月第 1 版
印　　次 2021 年 5 月第 1 次印刷

开　　本 787×1092 1/16
印　　张 10.25
插　　页 2
字　　数 105 千字
定　　价 59.00 元

凡购买中国社会科学出版社图书，如有质量问题请与本社营销中心联系调换
电话：010-84083683

摘要：本书从房地产市场调控政策的国际比较出发，通过总结美国、英国、法国、德国、日本、印度、新加坡和中国香港等世界主要国家和地区房地产市场发展的一般规律和经验教训，探寻房地产市场运行背后的深层次制度逻辑，科学评价房地产调控政策的有效性和实施效果，进一步明晰政府和市场在供给侧和需求侧、总量性和结构性、新房市场与存量房市场、居住端与投资端的定位与作用，并以财税政策和金融政策为主体，客观评价和分析总结出房地产市场调控的一般运行规律，从而为我国房地产市场的长效机制建设提供借鉴和参考。

关键词：房地产市场　国际比较　财税政策

Abstract: This book proceeding from the international comparison of real estate market regulation policies, while summarizing general rules and experienced lessons of real estate markets with the United States, Britain, France, Germany, Japan, India, Singapore and Hong Kong SAR, exploring the profound system logic behind the real estate market operation, evaluating the implementation effect of real estate market regulation policies, and further clarifying the position and role of government and market on the supply side and demand side, the aggregate and structural, the new housing market and stock housing market, the self-occupancy demand and investment housing demand. Finally, this book evaluating and analyzing the general operation rules of real estate market regulation based on fiscal and financial policies, so as to provide reference for the construction of long-term mechanism of China's real estate market.

Key words: the real estate market; international comparison

目　　录

引　言

完善房地产市场调控体系，是坚决贯彻落实“房住不炒”重要定位和防范化解重大风险的必然要求。自2018年中央经济工作会议以来，房地产市场平稳健康发展的长效机制逐步清晰和完善。紧紧围绕“房子是用来住的、不是用来炒的”定位，坚持稳地价、稳房价、稳预期，因城施策、一城一策，强化城市主体责任，从土地、金融、财税、住房保障、市场管理等方面多措并举，促进了房地产市场的理性回归。在当前应对新冠肺炎疫情取得重大成果、经济社会运行逐步恢复常态、“十三五”发展目标基本完成的背景下，中共中央、国务院正着力谋划后疫情阶段的经济社会重大战略和“十四五”发展的总体策略，进一步落实和完善房地产市场调控的长效机制，实现中国房地产业的稳定与发展，仍是“十四五”乃至未来一个相当长的时期需要关注的重点内容。

中国是一个拥有14亿人口的发展中大国，房地产市场化改革起步较晚，地域性和层次性特征明显，结构性短缺和结构性过剩并存。同时作为传统的东方文明古国，以家庭为核心的社会基本结构决定了拥有“自己的房子”就拥有了“家”的情结深入中国居民的人心。自1998年住房市场化改革以来，由于经济的高速发展以及城镇化的快速推进，加上一系列人口结构和政策因素，导致了2003年以来中国住房需求的持续高涨。从国际横向对比来看，中国的房价收入比不仅远高于美国、德国、日本等城市化水平较高的发达国家，甚至高于与中国发展阶段类似的发展中国家（如印度尼西亚等）。既然住房问题已经成为影响中国经济转型和居民福祉提升的核心问题，那么为何在中央政府从严的调控政策下，房地产市场的相关行为主体未能形成一致预期？是否存在更优的调控手段和模式？

“他山之石，可以攻玉”。从世界上主要国家和地区的发展历程来看，在不同时期都经历过宏观经济与房地产市场发展的不平衡和不充分问题，既体现出市场运行规律的普遍性，又带有国情、区情的特殊性。如英国和中国香港地区长期陷入高房价之困，美国和日本曾深受房地产暴涨暴跌的危机之苦，印度等发展中国家还在为解决“贫民窟”问题上下求索。而德国和新加坡则基本上实现了“居者有其屋”，成为全球房地产市场发展和调控的典范。综合来看，通过科学的房地产市场调控手段，有选择性地采用财税政策、货币金融政策、宏观审慎政策、行政政策、土地政策和住房保障政策来熨平房地产市场周期性波动，是世界上主要国家和地区的一贯做法。而由此衍生出来的房地产市场调控政策工具和经验教训，对于进一步丰富中国房地产市场调控体系、加快完善房地产市场长效机制而言，具有极为重要的借鉴意义和参考价值。

当前，中国社会的主要矛盾已经转化为人民日益增长的美好生活需要和不平衡不充分的发展之间的矛盾。而世界第一人口大国的国情和当前的经济社会发展阶段，决定了中国房地产调控模式既要遵循世界房地产市场发展的一般规律，也必须体现出发展中大国的阶段性特点；既不能照搬西方发达国家的房地产调控模式，也必须体现出政策工具和参照系的本地化和多样化。为此，本报告从房地产市场调控政策的国际比较出发，通过总结美国、英国、法国、德国、日本、印度、新加坡和中国香港等世界主要国家和地区房地产市场发展的一般规律和经验教训，探寻房地产市场运行背后的深层次制度逻辑，科学评价房地产调控政策的有效性和实施效果，进一步明晰政府和市场在供给侧和需求侧、总量性和结构性、新房市场与存量房市场、居住端与投资端的定位与作用，并以财税政策和金融政策为主体，客观评价和分析总结出房地产市场调控的一般运行规律，从而为中国房地产市场的长效机制建设提供借鉴和参考。

一　房地产市场运行与调控框架

住房是保障人类社会生存和发展最为基本的物质条件，其重要性、复杂性和敏感性几乎贯穿于各国和各地区经济社会发展的每一个阶段。从西方发达国家近百年的房地产市场发展轨迹来看，大致都经历过数量型发展阶段、数量与质量型并重阶段以及质量和环境型发展阶段。而广大发展中国家和地区由于住房市场化起步较晚，经济社会发展水平相对滞后，在房地产市场建设和发展过程中，仍然需要面临同时解决住房数量、质量与环境的三重任务。通过总结世界各主要国家和地区房地产市场运行的一般规律，可以从中有针对性地吸取相关经验教训，对于进一步完善中国房地产市场调控政策体系大有裨益。

（一）房地产市场运行主体

从世界主要国家和地区的运行规律来看，房地产市场一般由房地产监管机构、房地产开发经营企业、房地产金融机构、房地产需求主体等构成。以上述四类行为主体为基础，建立起一系列关于房地产建设、交易、消费、财税、保障、监管等制度的设计和安排，共同保障了房地产市场的有效运转。

1. 房地产监管机构

世界主要国家和地区的房地产监管机构一般由决策协调机构、管理实施机构和咨询服务机构组成。第一，决策协调机构。为了制定房地产长远发展规划和调控政策，协调土地、资金等房地产相关生产要素，各主要国家分别设立了高层次的政府决策协调机构来加强市场监管。其中，美国为住房与城市发展部，日本为国土交通省，印度为城市发展部、住房与城市扶贫部，法国为住房与国土平等部，德国为交通建设和城市发展部，新加坡为国家发展部，南非为住房部。第二，管理实施机构。由于政府决策协调机构一般不直接参与房地产建设，有些国家会在决策协调机构下设立住房建设执行机构，来专门负责公共住房计划、贫民住区改造。各国管理实施机构一般由国有住房公司和民间非营利组织构成，如法国的低租金住房机构（HLM）、新加坡的建屋发展局、韩国的土地住宅公社等。第三，咨询服务机构。为了更加精准地制定房地产市场调控政策，许多国家在决策协调机构和管理实施机构之外，增设决策咨询服务机构，并以此为基础广泛开展房地产市场调查、分析、研究和预测，为政策的制定提供统计和信息分析支持，如印度的房地产开发商协会联合会（CREDAI）、巴黎地区房租观察所（OLAP）等。

2. 房地产开发经营企业

房地产开发和经营企业主要包括房地产开发企业、房地产中介咨询服务企业和物业管理企业三大类。第一，房地产开发企业。在征地拆迁、土地开发、土地出让转让、房屋开发出售、房地产抵押以及房地产建设过程中会产生大量谈判协调、研究筹划、安置补偿、勘察设计、建设安装、销售维护等流程事务，构成了房地产开发企业经营活动的主要内容。第二，房地产中介咨询服务企业。主要围绕房地产产品而进行的一系列咨询、筹划、代理和服务活动，以及沟通与房地产产品相关的各类信息，撮合买卖双方，节约交易各方的交易成本，并从节约的成本中获取佣金。第三，物业管理企业。主要针对房地产物业及其设施和周边环境进行管理，提供各种保安、保洁、维修和保养服务，并通过收取住户或其他对象的物业管理服务费用来维持企业运营。

值得关注的是，房地产开发企业寡头垄断格局已显现。尽管中国房地产企业数量众多，但少数龙头企业的行业垄断性较强，具有寡头垄断的行业性质。近年来，房地产行业强者恒强态势不减，龙头房地产企业销售规模持续稳步增长，这使得房地产市场集中度不断提升。根据中国房地产业协会、上海易居房地产研究院联合发布的《2020 中国房地产企业品牌价值测评研究报告》，中海、万科和恒大分列 2020 中国房地产开发企业品牌价值榜单前三名，碧桂园、华润、龙湖、保利、融创、富力和世茂分列第四位到第十位。

3. 房地产金融机构

各国的房地产金融机构主要包括以商业银行为主的金融机构、互助合作专业住房金融机构、专业政策性住房金融机构和混合型住房融资机构，分别提供住房抵押贷款、合同储蓄、公积金以及混合融资。第一，以商业银行为主的金融机构。商业银行通过抵押的方式发放住房贷款，为房地产开发和住房消费提供长期稳定的金融支持，并由此形成抵押贷款一级市场和抵押贷款证券化二级市场。第二，互助合作专业住房金融机构。此类金融机构一般在政府奖励基金的帮助下，依靠契约储蓄融通大量资金，并在房地产业的发展中发挥相当重要的作用。第三，专业政策性住房金融机构。世界各国普遍建立了由政府发起、出资创立或参股保证的政策性住房金融机构，以此来获得成本较为低廉的房地产开发建设资金，推进公共住房政策和支持中低收入者的保障房建设，其中以新加坡中央公积金局最为典型。第四，混合型住房融资机构。该类型融资机构的特点是官方融资主导与民间融资参与相互结合，开创了介于欧美型和基金信贷型之间的混合型融资模式，其中以日本住宅金融公库最为典型。

4. 房地产需求主体

房地产需求主体一般被划分为刚性需求群体、改善型需求群体、投资投机型需求群体和住房租赁需求群体四大类型。一是刚性需求群体，一般定义为初次进入住房市场的置业群体，包括青年置业人群、结婚分户人群、外来迁移人群和保障性住房人群，是世界各国房地产调控政策需要关注和保障的主要群体，二是改善型需求群体。主要包括对住房的区位、面积、房屋质量或公共服务配套具有一定改善型偏好的需求群体，在很大程度上与刚性需求群体存在交叉。三是投资投机型需求群体，该类型需求群体在专业知识和对房地产市场的把握判断方面要明显高于其他需求主体，并且在一定程度上能够影响舆论导向和未来市场预期，在同类购房需求群体中具有很强的示范效应。因此，投资投机型购房需求的大规模释放所带来的羊群效应很容易裹挟其他需求群体，导致整体杠杆率进一步加大，从而不利于房地产市场稳定健康发展。四是住房租赁需求群体，是指通过租用房屋途径，向出租人或机构支付一定租金来满足居住需要的需求群体，主要包括外来人口、青年学生和中低收入人群等，是各国住房保障政策需要重点关注的对象。

（二）房地产市场运行监测指标

房地产市场的风险主要来源于以商业银行为首的信贷过度支持以及非理性因素推高房价等，房地产市场的风险指标也是衡量房地产泡沫的重要工具。为了保障房地产市场稳定健康发展，各国政府和专业机构在历史经验数据的基础上，制定了一系列房地产市场的运行监测指标，以便于各国房地产市场的纵向比较和历史的横向比较，从而有效预防房地产市场的系统性风险。

1. **房价收入比**

自住房市场化改革以来，中国城市的房价收入比总体上延续了稳步上升趋势，上涨时期长、速度快、幅度大，回调时期短、速度慢、幅度小。在 2008 年国际金融危机、2015 年股市大跌等时期，房价不仅不下降，还能够以更快速度上涨。而且，中央和地方政府长年累月出台各种限制房价上涨的措施，如限购、限贷、提高首付比例、提高贷款利息等，但仍未能充分抑制房价上涨。仅在个别时期的个别地区，出现过房价的短暂下跌。总体上处于上涨的长周期，尤其是北上广深一线城市，以及杭州、厦门等热门二线城市。2020 年，受到新冠肺炎疫情冲击、美国产业脱钩等影响，中国房价趋于平稳，总体上仍有小幅上涨。

从购房者个体层面来看，其往往面临价格风险，即房价泡沫化的风险，相关指标有房价收入比、房价增速与地区生产总值增速比、房价增速与人均可支配收入增速比、租金收入比等。其中，房价收入比是目前大多数国家和国际组织进行住房支付能力评价时所采用的一项指标。房价收入比指标计算公式为：

$$HPIR = \frac{HP \times AH}{PCDI}$$

HPIR 为房价收入比，*HP* 为商品住宅单位面积销售价格，*AH* 为城镇居民人均住房建筑面积，*PCDI* 为

城镇居民人均可支配收入。房价收入比越大，说明房价越高于居民收入水平，居民支付能力比较弱，预示着房地产市场存在泡沫风险。世界银行的 Renaud 在 1989 年报告中指出，在快速城市化的国家，房价收入比通常在 4—6 倍；而在已充分城市化的发达国家，这一比值在 2—4 倍。参考吕江林（2010）的结论，房价收入比指标的合理上限为 4.38—6.78，不超过 7。[①] 图 1－1 为中国及全球主要大城市的房价收入比。可以看

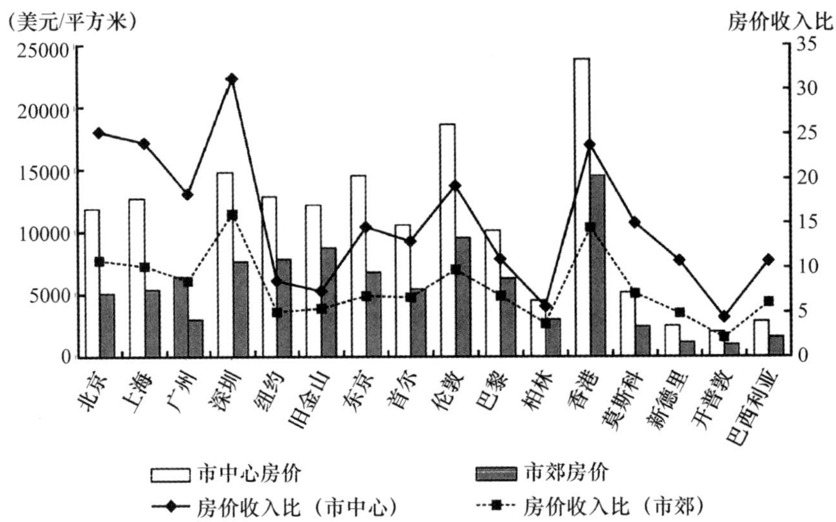

图 1－1　全球主要大城市的房价收入比比较

注：各城市数据时间段为 2015—2017 年，房价收入比按照 100 平方米住房面积计算。

资料来源：全球最大消费物价数据中心 numbeo。

① 吕江林：《我国城市住房市场泡沫水平的度量》，《经济研究》2010 年第 6 期。

出，中国一线城市总体的房价收入比已超过学界认为的合理上限，并且遥遥领先其他国家主要城市，价格泡沫风险值得关注。

2. 房地产贷款占比

从金融信贷层面来看，当商业银行的贷款过多流向房地产市场时，一旦房价出现下跌，房地产作为抵押品贬值，居民和企业的抵押贷款违约风险增加，将对商业银行形成较大冲击，进而传染到整个金融市场，美国2008年次贷危机的爆发就是典型例子。常见的风险指标为房地产贷款占比，具体包括金融机构商业性房地产贷款余额与金融机构全部贷款余额之比、金融机构个人住房贷款余额与金融机构全部贷款余额之比、住房贷款余额与GDP之比等。

学界普遍认为，金融机构商业性房地产贷款余额与金融机构全部贷款余额之比超过16%，或金融机构个人住房贷款余额与金融机构全部贷款余额之比超过10%，便是出现房地产市场泡沫（吕江林，2010）。而住房贷款余额占GDP的比重目前没有较为一致的风险指标，国别差异较大。其中，发达国家已经完成城镇化过程，拥有较大的住房金融市场，住房贷款余额规模较大，但增速较慢。2008年国际金融危机后，除美国外，其他发达国家房贷余额增速保持在8%以下，占 GDP 的比重都保持在 35% 以上。大多数发展中国家处于城镇化快速发展阶段，房贷余额增速都保持在 10% 以上，但占 GDP 的比重相对较低。而从中国当前的发展阶段来看，房贷余额占 GDP 比重相对较高，并且 2008—2016 年新增房贷占 GDP 的比重甚至高于美国次贷危机前的峰值水平。①

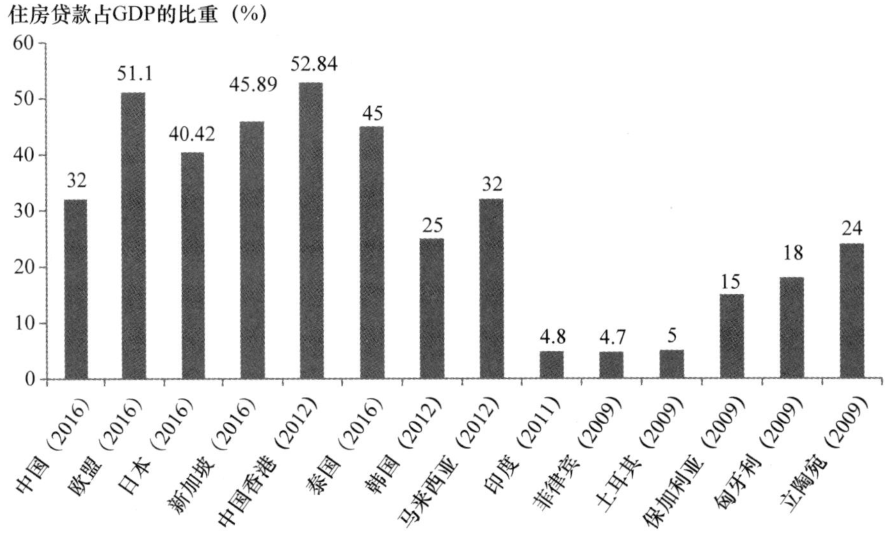

图 1－2　全球主要国家住房贷款占 GDP 比重

资料来源：中国数据来自《中国金融机构贷款投向统计报告（2016 年）》和《全国住房公积金 2016 年年度报告》；新加坡、泰国和日本数据来自 CEIC；其他国家数据来自 Housing and Housing Finance—A review of the Linksto Economic Development and Poverty Reduction. ADB Economic Working Paper Series 2013 和 Global Financial Stability Report。

① 郭克莎、黄彦彦：《从国际比较看中国房地产市场发展的问题及出路》，《财贸经济》2018 年第 4 期。

3. 偿付收入比

偿付收入比即按揭贷款家庭月或季、年房贷本息支出占当月或季、年可支配收入的比例，该指标用于衡量购房者的债务负担压力及其违约风险。中国银行保险监督管理委员会《商业银行房地产贷款风险管理指引》（2004）中将该比例规定为50%以下，但多数发达经济体将合理负担比例确定为30%以下。美国国家房地产经纪人协会的住房可支付性指数也是该指标的一个体现。美国国家房地产经纪人协会规定，住房按揭贷款申请资格年收入是年付的4倍，或月付不得超过月收入的25%，此时才有资格申请按揭贷款。如果按平均值计算，当前全国城镇居民的季度偿付收入比在样本空间内都超过了30%，但多在50%以下。如果分城市观察，房地产信贷处于风险区域的特征更加明显，部分城市和部分月份的月度偿付率甚至超过100%，较高的偿付违约风险需要引起进一步关注。

4. 期限错配

期限错配是最典型的房地产贷款特点之一。期限错配易引发两类基本风险，其一是流动性风险即按揭贷款与城镇居民定期存款之间的缺口而引致的风险，近年来，因利率市场化加速，居民存款活期化比例加速走高，定期存款占比快速下降，而且1年期以上存款缩水幅度更大，五年期定存近乎枯竭。这种趋势恶化了房地产贷款的期限错配状况，加剧了相应的流动性缺口风险。其二是收益风险，即金融机构在房地产贷款所存在的期限错配问题在利率波动因素的影响下，成本收益存在不确定性，从而影响其收益而形成的风险。从当前情况来看，因房地产贷款期限错配引发的流动性缺口在近年来持续加速扩大，甚至高达个人购房贷款余额的六成以上。

5. 房屋租售比

房屋租售比是指每平方米建筑面积的月租金与每平方米建筑面积的房价之间的比值，是国际上用来衡量某地区楼市运行是否良好的指标之一，国际通常标准为1：200到1：300之间。比值越高，说明房屋的投资价值越大。如果租售比低于1：300，意味着通过租金渠道回收购房成本的周期需要300个月以上，房地产投资价值相对变小。从国际比较来看，2014年前后伦敦、纽约、莫斯科、巴黎、东京的房屋租售比分别为1：224、1：239.6、1：229.4、1：298.6、1：255.8，而2019年中国一线城市的平均租售比为1：636，二线城市平均租售比为1：580，三四线城市平均租售比为1：556，50个重点城市的平均租售比1：

592，远低于国际合理租售比区间水平。

（三）房地产调控体系的基本框架

房地产市场是国民经济运行的重要组成部分，也是民生保障需要关注的主要问题。中国经济进入新时代，但房价过快上涨成为各城市（尤其是一线城市）居民的巨大负担，也加剧了有房阶层和无房阶层的社会分割，是“不平衡不充分的发展”不能满足“人民美好生活需要”的真实写照。同时，房地产对实体经济具有较大的抑制作用，虹吸资本和人才挤压了其他行业的生存空间，尤其降低了人们对于长期创新的动力。世界各国和地区为了保障居民住房需求，建立稳定的住房市场，都采取了一系列相应措施来持续完善房地产市场调控体系。2020 年 10 月，党的十九届五中全会通过《中共中央关于制定国民经济和社会发展第十四个五年规划和二〇三五年远景目标的建议》（以下简称《建议》）。《建议》明确提出，“坚持房子是用来住的、不是用来炒的定位，租购并举、因城施策，促进房地产市场平稳健康发展”，这为中国今后的房地产调控政策走向指明了方向。根据世界各主要国家的房地产调控以及中国国情的现实情况，我们认为中国房地产调控体系基本框架可以归纳为以下几个方面。

1. 以增强预期管理控房价于合理区间

《建议》提出“推动金融、房地产同实体经济均衡发展”“促进住房消费健康发展”，强调了“均衡发展”和“健康发展”两个概念。而房地产市场的均衡和健康发展问题，主要是针对房价过快上涨而言的。房价过快上涨是住房消费不健康的主要体现，也成为房地产虹吸金融资源、抑制实体经济发展的主要问题所在。因此，房地产市场调控首先就是房价的调控，即让房价趋于合理化区间，引导住房消费健康发展，进而带动房地产、金融和实体经济均衡发展。在中国，房价调控的难点主要是房价上涨预期太强烈，国际政治经济好转或恶化、国内经济复苏或下行、部分地区出现刺激经济增长的利好政策等正面或负面事件，都会第一时间映射成为房价上涨这个结果。经济利好时，房价上涨高于经济涨幅；经济利差时，炒房成为避险投资工具，也导致房价上涨。所以，这种房价上涨的不合理预期，成为推动房价过快上涨的主要驱动力，使房地产市场不像是一个市场经济的价格可以上下波动的市场，而像是一个只能涨不能跌的市场。因此，增强房价合理区间的价格预期，是使价格机制真正可以调控房地产市场的关键，也就成为房地产市场均衡、健康发展的首要任务。

2. 以供地市场化和租售同权改善住房结构

《建议》提出“有效增加保障性住房供给，完善土地出让收入分配机制，探索支持利用集体建设用地按照规划建设租赁住房，完善长租房政策，扩大保障性租赁住房供给”。这一要求实则要打破“政府垄断供地、少数开发商垄断商品房供应”的局面。农村土地流转、集体土地入市使得供地主体更加多元化，既可以降低土地出让价格，又可以更加合理快速地根据住房需求增减土地供应。更重要的是，增加各种类型的保障性住房供给之后，可以满足一些低收入群体住房基本需求。租住同权在长期也可降低购房刚性需求。据估算，从平均数意义上看，北京、上海、广州三个一线城市的住房数量完全可以满足常住居民住房需求，但却存在大量住房空置和大量居民买不起房的窘境，究其原因就是住房结构不合理。因此，房地产市场调控基本框架的另一个核心内容是住房结构，未来将形成“政府、集体多元供地”“商品房、保障性住房、租赁住房多元住房”的房地产市场公平竞争、有序发展、市场社会相结合的合理格局，充分满足房地产市场的经济和社会双重属性。

3. 以房地产税调节财产收入分配格局

中国房地产市场调控的价格和结构问题，归根结底还是收入问题。近年来，中国城市居民以房产为代表的财产性收入快速增长，居民收入的组成结构随之发生了改变。然而，中国目前的财产税制度却没有及时地进行相应调整。房产已成为收入分配不公平的重要体现。中国房价收入比不合理，对大部分普通职工而言，买房压力较大。而少数高收入群体却有较多房产。房地产税可以在维持基本住房需求前提下，对房产数量较多者征收累进税，抑制购买多套房的需求，通过加重持有房产成本增强住房供给和需求的匹配性。因此，房地产税成为调节财产性收入分配的主要内容，也成为调节不同人群间住房分配的重要手段。而且，房地产税出台时间、试点城市选择标准、税率设置等具体机制设计上，也要充分考虑居民收入结构，尽可能达到“提高中低收入群体的财产性收入、调节高收入者的财产收入、取缔非法炒房收入”的实际效果。此外，住房公积金的收取和使用方式，也需要根据居民收入进行更加合理的设计，并且其改革方案可与房产税方案统筹考虑、适度协调。

4. 以约谈督查等行政手段抑制房价短期大幅波动

房价短期波动是正常现象，但非理性的大涨大跌却是市场失灵的表现。房地产调控的一个重要内容就是应对短期的、突发性的房价大涨大跌风险。这个短期事件若不能及时遏制，很可能改变人们的预期，让炒房行为死灰复燃，打破正在形成的健康、均衡发展的房地产市场调控长效机制，令房地产调控成果事倍功半。因此，在房地产市场调控长效机制未能充分建立之前，个别地区的房价大涨大跌都需要及时控制。实践表明，约谈当地政府和开发商是最为有效的手段，而督查可以对各地政府起到震慑作用并有助于及时发现问题，限购、限贷、限价、限售等限制性举措也成为控房价的重要手段。所以说，约谈、督查、限购等行政手段可以抑制房价短期大幅波动，及时将房地产市场拉回正常轨道，从而不断培育和巩固房地产长效机制。需要指出的是，约谈督查等行政手段只是房地产调控基本框架下的“应急”举措而非“常规”举措，即它们是稳预期、控房价、改善住房结构、调节收入分配这些长效机制之外的补充手段，不能作为长效机制本身而频繁使用。

以上四个方面分别涉及房价、住房结构、收入分配和短期波动，是构建房地产调控长效机制的基本框架内容。需要强调的是，实际改革过程中，要聚焦基础性和具有重大牵引作用的改革举措（如房产税），在政策取向上相互配合、在实施过程中相互促进、在改革成效上相得益彰，推动各方面制度更加成熟、更加定型。

二 欧美主要房地产市场发展与调控政策

（一）美国

1. 美国房地产市场发展情况

第二次世界大战结束至次贷危机前夕，名义房价指数持续正增长，累计上涨24倍，年均增速5.4%。美国房地产市场长期繁荣的背景是人口和经济稳定增长、城市化进程较快推进，且在经济保持快速增长的同时，货币政策较为宽松。同期，1946—2006年年均名义和实际增速分别为7.0%和3.1%，仍保持在较快水平。

2. 美国房地产制度与调控政策

（1）土地制度以私有为主，居住用地供给充足

在美国，土地为私有并受到法律保护，可以自由

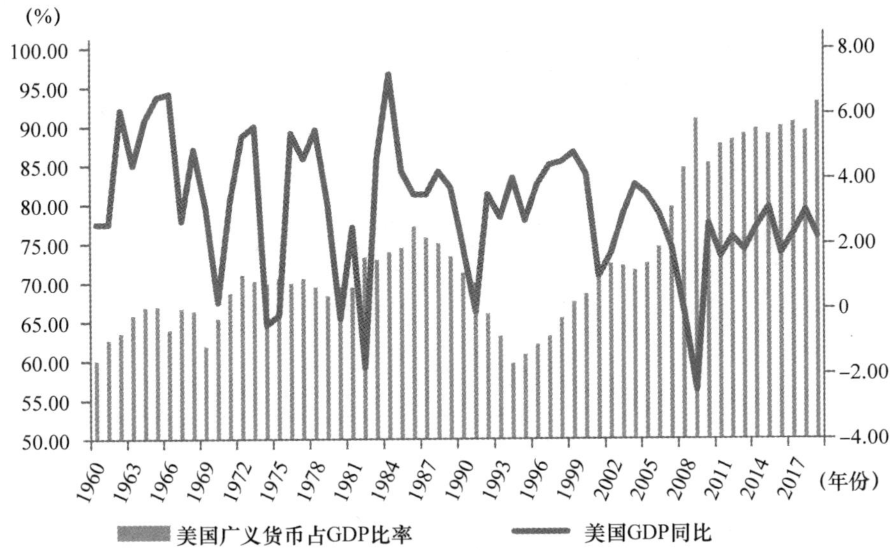

图 2-1 美国经济增速与广义货币占比

资料来源：Wind 数据库。

买卖和出租，价格由市场供求关系决定。在购买土地之后，获得土地的个人和开发商在符合相关规划要求的情况下，可以向政府申请建房，建好之后自住、出租或出售。

（2）房地产税收重交易轻保有

美国税收制度中，住房体系税收主要包括保有和交易环节，其中保有环节主要是房地产税、租金收入所得税；而交易环节是房地产转让税和资本利得税。从课税对象来看，几乎所有税种的课税对象都是产权所有人，即卖方，只有房地产转让税由买卖双方承担。从税收归宿来看，房地产税和房地产转让税为州政府受益，而租金收入所得税和资本利得税则为联邦和州政府共享税种。

联邦住房税式支出安排也重点支持住房自有，其中自住房享受的税收扣除、免除项目的规模占比达90%。美国住房相关税收体系见表2-1。

表2-1 美国住房相关税收体系

征税环节	征税种类	课税对象	税收归宿	计征方式
保有环节	房地产税	产权所有人	州政府	以估值为税基，名义税率为0.3%—3.0%
	租金收入所得税	产权所有人	联邦政府、州政府	超额累进税制，联邦税率为10%—37%，州个人所得税为2.9%—13.3%
交易环节	房地产转让税	共同缴纳	州政府	房地产转让税以交易价值为税基，税率为0.01%—3.00%
	资本利得税	卖方	联邦政府、州政府	超额累进，联邦税率为0—20%

资料来源：莫恒勇、李晟：《美国商业房地产市场分析》，《中国金融》2017年第1期。

（3）保障房私人主导供给、政府财税补贴

美国目前的住房保障体系是以私人供给为主导，政府财税补贴为辅助的保障体系。其中，以租户为基础的住房选择租房券项目是最普遍的援助项目，以私人工程项目为基础的第八节项目（Private Project Based Section 8）占比约1/4；而由于政府在住房保障中的角

色相对有限，政府直接供给的公共住房项目占不足20%，且该比例不断下降。

（4）住房市场提供多元化的金融支持

第一，美国实行低首付比例要求。美国新发放房贷实际首付比例不足20%，明显低于实际首付比例超过30%的国家，并提供多样化的抵押贷款产品和用途。

第二，多元化的金融产品。美国住房信贷市场非常发达，除了传统的购房贷款之外，美国居民可以通过住房改善贷款或再融资贷款等多元化的金融产品获得金融支持。同时，完善的保险体系也进一步降低房地产贷款门槛。例如，房利美与房地美限定了房地产合规贷款的最低首付比例是20%，但美国家庭仍可以通过购买贷款保险或其他方式实现更低首付比例。

（二）英国

1. 英国房地产市场发展情况

英国住房总体充足，居住品质高，但房价长期上涨，居民购房面临较大压力。第二次世界大战以后英国政府大规模兴建社会住房，20世纪80年代以后鼓励住房自有，有效解决了住房短缺问题，提升了住房自有率，住房自有率自1984年以来维持在60%以上。

从房价上看，英国房价长期上涨。1917—2017 年，英国名义房价指数年均涨幅达 7%。从房价收入比来看，按中位房价和中位收入计算，1977—2017 年，英国房价收入比从 3.3 提高到 6.1，普通家庭的购房难度持续提升。按三口之家购买 100 平方米住房所需年限计算，英国房价收入比在主要欧洲国家中最高，2017 年达 5.9%。

究其原因，外来移民推动人口增长，对英国的住房需求形成长期支撑。1850—2017 年，英国总人口由 2212 万人增长至 6604 万人，人口数量增长近 3 倍，年均复合增长率为 0.66%。尤其是从 20 世纪 80 年代开始，随着英国经济逐渐恢复平稳上涨，吸引了大量移民的迁入，净移民格局由出转入，且净移入人口持续提升，2015 年达到最高的 33.2 万人。图 2-2 显示，与英国 GDP 同比增长相比，英国房价指数在 1994 年后持续攀升，至 2018 年英国房价指数提升至 1994 年的 4.5 倍。

房价高涨导致居民置业年龄延后。1990—2017 年，英国购房贷款者中，25 岁以下居民的占比从 19.6% 下滑至 7.4%，首次置业贷款中，25 岁以下居民占比更是从 30.0% 下滑至 13.9%。年轻人更加依赖父母，选择合住。1996—2017 年，20—34 岁人口中，与父母同住的群体从 268 万人增长到 339 万人，占比由 21% 上升至 26%。预计到 2020 年，30 岁人群中拥有住房的

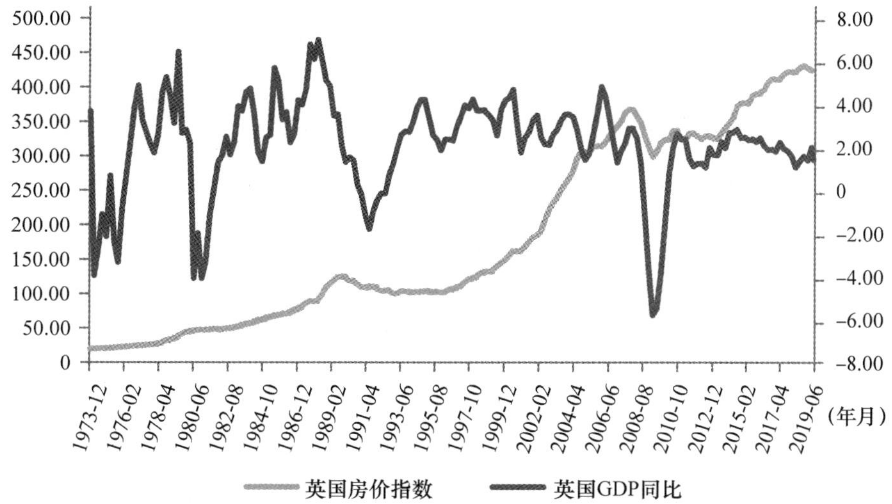

图 2-2 英国房价指数与 GDP 增速对比

资料来源：Wind 数据库。

比例将降至约 25%，而目前即将退休的一代人中，在其 30 岁时拥有住房的比例超过 50%。

2. 英国住房制度和房地产调控

（1）土地以私有为主，住宅用地供给有限

英国的土地以私有土地为主，土地供应总体上比较充分，但住宅供地相对有限。究其原因，在土地规划方面，英国政府的环保等标准很高，英格兰 80% 左右的土地为绿地，不能供出售。其已开发的土地面积不足 10%，而住宅用地占比更低。

（2）税制上重交易轻保有

英国税收制度中，也可以按照交易环节和保有环

节进行划分。如表 2－2 所示，英国在房地产保有环节方面的税主要有市政税集合个人所得税，在交易环节方面，主要有土地印花税和资本利得税。税收设置上，交易环节对非首套住房征收重税，抑制投机。

表 2－2　　英国税收制度与居民住房相关的房地产税种

征税环节	征税种类	课税对象	税收归宿	计征方式
保有环节	市政税	产权所有人或承租人	地方政府	根据住房等级定额征收（按 1991 年房价分为 8 个等级）
	个人所得税	出租住房的产权所有人	中央政府	实行四级超额累进税率，税率分别为 0、20%、40% 和 45%
交易环节	土地印花税		中央政府	首套房或换房为 0—12%（超额累进），二套及以上各档税率提高 3—4 个百分点
	资本利得税		中央政府	基本纳税人税率为 18%，高薪及附加税率纳税人为 28%

资料来源：刘华、黄安琪、陈力朋：《房屋空置税的国际比较与政策启示》，《税务研究》2019 年第 5 期。

第一，市政税。英国市政税征收历史悠久。英国的市政税由各地方政府征收，税收归宿也为各级地方政府，计征方式方面根据住房等级定额征收（按 1991 年房价分为 8 个等级），税收用途主要用于地方市政的基本公共服务。总体来看，英国市政税的税率较低，2017 年英格兰地区的市政税不足住房价值的 2%，如考虑房价上涨推升住房名义价值，则实际税率更低。

第二，个人所得税。住房所得税主要指住房出租收入所得税。住房出租所得的课税对象为出租住房的产权所有人，应税租金收入为剔除住房成本之后的净租金收入。个人所得税的税收归宿为中央政府，个人所得税实行四档超额累进税率，税率分别为0、20%、40%和45%，最高边际税率为45%。

第三，土地印花税。土地印花税为交易环节税收，于2003年设置，替代了传统的印花税。

土地印花税的税收归宿为中央政府，采取超额累进税制，对二套及以上住房从重征税：首套房或换房为0—12%（超额累进），二套及以上各档税率提高3—4个百分点。同时，若居民在购买第二套房的一定期限内出售原有住房，可予退税。英国不同地区的退税规定有所差异，但大多在购买第二套房36个月或18个月内出售原有住房，可要求退还土地印花税税款。

第四，资本利得税。居民转让投资性住房或二套及以上住房时获得的收益，需缴纳资本利得税。英国的资本利得税的税收归宿是中央政府，基本纳税人税率为18%，高薪及附加税率纳税人为28%。在资本利得税减免政策方面，住房为出让方唯一住房且自持有起即为主要住房，且未将该住房任何部分用于出租和商业用途，该时可以享受资本利得税免征。此外，向配偶或慈善机构赠送住房，也无须缴纳资本利得税。

（3）以租赁为主的住房保障制度

英国政府的住房保障并非以传统的保障房建设为

主，而是以租赁为主，主要靠政府向市场低价供应租赁住房和提供租房补贴，并且经历了一个转变的过程。20 世纪 80 年代以前，英国政府的住房保障主要由政府参与，地方政府直接建设用于社会住房并以低价进行出租。20 世纪 80 年代以后，英国政府的保障性住房政策开始向市场化转变，一方面，政府削减自身建房规模，开始引导社会资本，通过财政补贴等措施利用市场力量建设社会住房，逐渐建立起可负担住房体系，另一方面，英国政府的保障房政策越来越向适度兼顾保障购房自住需求转变。

第一，住房供给保障以租赁为主。第二次世界大战后初期，英国福利经济的特色十分明显，为了保障低收入家庭的住房需求，中央政府给予地方政府大量财政补贴，兴建低租金的社会住房。20 世纪六七十年代，英国地方政府累计建成 514 万套，占全国新完工住房总量的 50%。20 世纪 80 年代以后，随着英国保障房政策思路的转变，政府直接建房逐步减少，保障性租赁住房转由住房协会与开发商主导供应，同时，更多地满足自住型住房需求，但目前新增保障性住房中也有超过一半比例为租赁住房。

第二，兼顾居民自住购房需求。为了兼顾居民的住房需求，1980 年之后，英国政府推出住房“购买权计划”，允许长期租户折价购买租住的社会住房，并对于不同期限租房的家庭给予不同的折扣，租住地方政府社会住房满 3 年的家庭，可以最低 3 折的优惠价格购买所居住的社会住房，但存在转让限制。为了实现社会住房私有化，英国政府于 1996 年又推出获得权计划，允许住房协会的长期租户折价购买所居住住房。

从政策效果看，英国的保障性住房政策较为有效地提高了英国住房自有率。1980—2004 财年，英国保障性住房的平均销售折扣为 20% 以上，最高可达 50%，每年销售约 7.5 万套。

（4）更为市场化的住房金融体系

英国的住房金融体系经历了从国家主导到市场化的转变。尤其在撒切尔政府之后，住房金融体系市场化明显，银行取代政策性机构逐渐占据住房金融体系的主导地位。

第一，贷款首付比例较低，贷款期限较长。在英国，购房的首付比例通常为 20%—30%，且首付比例取决于贷款购房者资质，如果购房者的资质较好且愿意承担更高的初始利率，则最低享受 5% 的首付，明显低于发达国家的平均水平。

在贷款期限上，英国住房抵押贷款的期限较长。英国的住房抵押贷款平均年限自 1990 年以来保持在 22 年以上，且期限还在不断上升。2017 年，英国住房抵押贷款中 51% 的抵押贷款年限超过 25 年，27% 的贷款年限超过 30 年。

第二，贷款利率以市场利率为基准浮动。住房金融市场化之后，目前英国的住房贷款实行浮动利率机制，以市场利率为基准，并与贷款比例、年限、收入、用途等贷款人资质情况挂钩。一般而言，住房贷款的贷款比例与年限越高，或贷款人资产收入越低，贷款利率越高。同时，住房金融化后，英国住房抵押贷款的还款方式更为灵活，允许还本付息（Repayment）或只付利息（Interest only）。

第三，住房金融市场化推高居民部门杠杆率。住房金融化之后，英国居民住房贷款显著攀升，目前英国居民部门负债与 GDP 比值高达 87%，不仅高于发达国家 76% 的平均水平，也高于同期美国的居民杠杆率。

（三）法国

1. 法国房地产市场发展情况

第二次世界大战后，法国经济飞速发展，在快速发展的后期，房地产市场出现了过热态势，低收入家庭的住房支付能力下降。于是政府通过公共机构，大力发展住房保障制度，为居民提供住房补贴和廉价住房。20 世纪七八十年代，由于通货膨胀的持续，大量资金投资在房地产领域，房地产市场产生了持续的过热，房价随之飙升。之后，随着欧洲一体化进程的加快，法国商用办公住宅需求开始增长，并快速蔓延到居民住房领域。在金融危机之后，法国房地产需求持续下降，房地产市场价格也开始下降，但由于银行和金融机构不愿意显现自己的亏损并出让被抵押的不动产，房价下行的速度远不如上升时期那么迅速。

2. 法国住房制度和房地产调控

（1）以自有产权住房为主的多元化市场

法国的住房市场呈现出比较明显的自住住房的性质。目前，法国拥有自住住房的所有权人比例超过一半。与其他欧洲国家的横向对比来看，法国自有产权人总量一直在增加，但比例低于欧洲大部分国家的水平，总体上呈现出住房市场的多元化特征。

（2）较为完备的税收体系

法国的税收制度十分完备，房产税体系也较为完善。涉及房地产的税种可归为收入所得税、消费税、资本税及地方税四大类，具体包括居住税、土地税、增值税和房地产转让税等。

第一，居住税。居住税是法国房地产税的主要税种。孙莹（2015）指出，以巴黎为例，居住税由以下几部分组成，巴黎市征收 8.8%，总税率为 11.151%。在税收归宿上，如果是空置物业，则由业主缴纳居住税；如果全年由租客租用，则由租客缴纳居住税。[①]

第二，土地税。以巴黎为例，巴黎的土地税由三部分组成，巴黎市政府征收7.11%、大区征收1.27%以及大区土地局征收0.165%。另外，在所征收的土地税上还要再征收8%的地方税收管理税。

第三，增值税。房地产的增值税税率是28.1%。增值税的减免与业主持有时间相关，一般而言，业主拥有某套住房的时间越长，减税越多，从购房的第三年起，每年从增值中减去3.3%后征税。

第四，房产转让税。在法国，住房的有偿转让征收房地产转让税，一般由购房者缴纳房价2.5%左右的手续费和7.5%左右的房产转让税。

（四）德国

1. 德国房地产市场发展情况

第二次世界大战后，德国不仅很好地解决了住房短缺问题，还保持了房价长期稳定，图2-3显示，1995—2010年，德国的名义房价指数长达15年保持平稳，剔除通胀影响后，1970—2017年德国的实际房价累计下降了2.5%。横向对比来看，柏林的房价收入比

① 孙莹：《法国社会住房的政策演变和建设发展》，《国际城市规划》2015年第8期。

为10倍，慕尼黑为17倍，伦敦，新加坡，中国香港、北上广深等城市为德国核心城市的2—3倍。

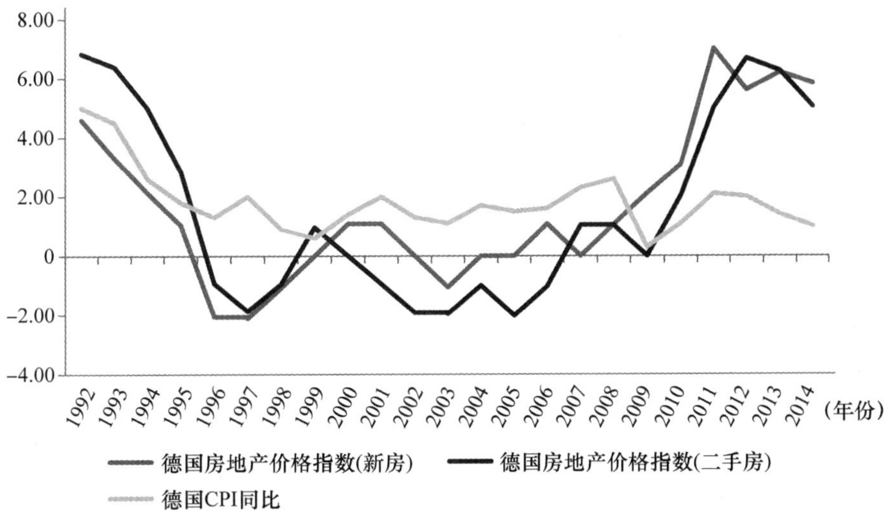

图2－3　德国房价指数与通胀水平

资料来源：Wind数据库。

德国住房市场的另一大特点是居民以租赁为主流，一半以上人口租房住。全国16个州中，有10个州的租房率超过50%。

2. 德国住房制度和房地产调控

（1）税收制度重交易轻保有，鼓励居民长期持有

德国税收制度中，主要包括土地税、租金收入所得税、二套住房税、差价盈利所得税、不动产交易税、遗产税和赠与税等（见表2－3）。

表2－3　　德国房地产相关税收

税收种类	征税环节	税收归属	税收特征
土地税	保有环节	乡镇税	税负较轻
租金收入所得税	使用环节	联邦、州、乡镇共享税	纳入个人所得进行综合征收
二套住房税	使用环节	州税	税负较轻，鼓励按需占用，促进住房的流动性、降低空置率
差价盈利所得税	交易环节	联邦、州、乡镇共享税	长期自用或出租予以免税，对短期交易行为征税，遏制投机
不动产交易税	交易环节	州税	税费可达10% 甚至更高，大幅度增加交易成本，遏制投机
遗产税和赠与税	交易环节	州税	适度免征

资料来源：苏京春、盛中明：《德国房地产税的比较剖析与五大启示》，《中国财政》2019 年第 9 期。

第一，土地税。德国的土地税属于保有环节税种，税收归属于乡镇地方政府，土地税税负较轻，其中，农业用地和林业用地的税率为0.6%，独栋住宅建设用地的基准税率为0.20%—0.35%，两户联排建设用地的税率为0.31%，其他土地的税率为0.35%。土地税的开支用于地方基本公共服务，并对于公共用途的土地予以豁免。

第二，租金收入所得税。租金收入所得税属于房地产使用环节赋税，在税收归属上属于联邦、州、乡镇共享税，房屋租金收入计入个人年收入所得，综合后按超额累进税制征收，起征点为9000欧元，税率在14%—45%。

表2-4　　德国土地税基准税率

用地类型	基准税率
农业用地和林地	0.60%
独栋住宅建设用地	0.26%—0.35%
两户联排建设用地	0.31%
其他土地	0.35%

资料来源：苏京春、盛中明：《德国房地产税的比较剖析与五大启示》，《中国财政》2019年第9期。

第三，差价盈利所得税。差价盈利所得税属于交易环节税种，以居民出售房地产所获差价盈利为税基，在税收归属上属于联邦、州和乡镇三级政府共享税。

第四，不动产交易税。不动产交易税属于交易环节税种，由州政府依据《不动产交易税法》进行征收，是以交易价格为税基的交易环节税收，属于州税。在税率上，目前税率由各州政府自定，最低为3.5%，但为了实现抑制房地产投机，不动产交易的税费可达10%甚至更高，以大幅度增加交易成本。

（2）全面保障租户权益的租赁制度

德国具有发达的住房租赁市场并全面保障租户的权益，可以说，德国房价的稳定主要受益于德国完备的租赁制度。就租户保障制度来看，一方面，德国通过完善的法律体系加强租约保护与租金限制，充分保障租户权益；另一方面，在德国，租户可以享受与业主同等的公共资源与服务，充分实现了“租购同权”。

（3）严控通胀的货币政策为稳房价营造良好的宏观环境

良好的宏观和货币政策环境是德国房价平稳的外部支撑力量。第二次世界大战之后，德国央行具有较强的自我约束力，货币政策长期保持审慎使得物价长期保持平稳。从实际的通胀情况来看，1950—2017年，德国 CPI 年均增速仅 2.4%，在全球主要发达经济体中，其通胀率最低，即使在通胀普遍盛行的 20 世纪 70 年代，德国的通胀率也仅为 5%，远低于其他发达国家。在稳健的货币政策和温和的通胀水平背景下，德国房价基本保持稳定，1970—2017 年，房价指数上涨 234%，与 CPI 通胀率基本同步。

（4）商业按揭与住房储蓄相结合，限制了居民住房的金融化

独特的住房储蓄模式是德国住房制度的另一大特征。德国在第二次世界大战之后不仅面临住房短缺问题，由于政府资金都被用于战后重建，兴建居民住宅的资金也面临短缺，有限的政府资金难以支撑居民住房需求，因此自给自足的住房储蓄模式得到广泛、快速发展。

与英美等国不同，德国实施专门的住房储蓄制度，其住房储蓄机构实行专业经营，只能精英房储蓄，除了购买国债等低风险资产不能从事其他风险性金融业务。在资金用途上，德国住房储蓄机构的信贷资金只能用于为参加住房储蓄的居民提供购房、建房、改建等贷款，而不能用于其他投资。专营的住房储蓄体系为德国居民的住房需求提供了主要金融支持，2017 年德国住房储蓄机构的贷款存量中 98% 以上为住房贷款。

三　亚洲主要房地产市场发展与调控政策

（一）日本

由于相似的文化特征，重新审视日本房地产市场和调控政策，对中国房地产发展具有更为重要的意义。

1. 日本房地产市场运行情况

第二次世界大战后，日本工业产业快速发展，带动工业用地价格大涨。1965 年日本开始调整产业结构，随着工业和服务业的飞速发展，工业用地和服务业用地的价格也出现大幅上涨，居民住房需求和住宅价格也随之飙升。在住房市场调控方面，日本也经历了一个由政府主导向市场化转型的过程。20 世纪 60 年代以前，日本政府直接进入住房市场通过直接提供住宅或者住房补贴解决居民住宅需求，但随着日本工业化和城市化率大幅提升，政府主导的住房市场越来越难以满足居民日益增长的住房需求。从 1965 年开始，日本住房市场调控开始转型市场化，民间资本快速进入房地产市场。

2. 日本住房制度和房地产调控

(1) 以私有为主的多元土地所有制

日本的土地所有制以私有为主，国家和公共所有并存的多元土地所有制。2015 年，日本全国扣除产权不明晰和水域面积的其他土地，全国土地面积中私有土地占比为 60.5%，国有和公有占比为 39.5%。

(2) 保有环节税负轻，短期交易收重税

第一，不动产取得税。不动产取得税属于地方政府税种，任何不动产的买卖、赠与均需缴纳不动产取得税。在计税方面，不动产取得税以房产价格为税基，通常与固定资产登记价格相一致；在税率的设置上，土地和住宅的基准税率为 3%，其他非住宅房屋为 4%。

第二，固定资产税。固定资产税属于地方政府税种，在保有环节征收，具体包括土地税、房产税以及应折旧资产税。

第三，都市计划税。都市计划税属于地方政府税种，税收负担为土地和房屋的所有者。对于城市基础设施，都市计划税予以免征，除此之外，对税基不足30万日元的土地和不足20万日元的房产也免征都市计划税。

第四，转让所得税。转让税率取决于不动产持有时间，若超过5年则视为长期，税率为15%；若不满5年，则视为短期，税率为30%。

（3）住房租赁市场规范发展

与德国的情况类似，受益于完备的租赁法律体系和租户权益保护机制，日本的住房租赁市场发展十分充分。

第一，完备的租赁法律体系。日本租赁法律体系和德国相近，对住房租赁方给予全面的法律保护，比如，《借地借家法》规定对于住房租赁的普通租约，到期后自动续约，如出租方需提前解约，出租方需要提前半年以上出具中止租约的通知，除非租赁双方均同意解约，否则出租方不得在无正当理由的情况下解约。

第二，租户享受均等的社会公共服务。日本《民法》规定，只要租赁方依法纳税，就可以与业主一样享有当地教育、医疗、养老等公共资源与服务，不存在住房产权门槛。

第三，充足的租赁住宅供给。日本的租赁住宅供给充沛，从供给数量来看，战后日本年均新开工租赁住房42万套，而同期年均新开工住房套数为109万套，租赁住房新开工数占新开工总数近一半比重，对于住宅租赁需求实现了基本覆盖

第四，以民营租赁为主体和公共资金支持的多主体供应机制。日本公共资金支持的租赁住房不仅有政府资金，还有民营资金的参与。尤其近年来，民营资金在租赁住房中占比逐年提升，政府和民营资金的多元化参与，有效保障了中低等收入家庭的住房需求。2016年，由政府和民营资金参与支持的租赁住房总量分别占比为20%和80%，其中绝大多数出租给低收入家庭。

（4）货币政策：频繁变动，央行缺乏独立性

相比欧美等国，日本央行的独立性较弱，日本央行在货币政策制定、人事任免、预算管理等方面均受到大藏省的影响，货币政策独立性较弱催生了泡沫经济。泡沫经济破灭之后，为了增强日本央行的独立性，1997年，日本出台《日本银行法》，规定央行政策目标是“通过保持物价稳定来促进国民经济健康发展”；明确要“尊重日本银行货币金融政策自主性，确保经营决策透明性”；废除大藏省对日本银行的业务命令权、监督命令权和检查权。改革后的日本央行政策独立性大幅提升，但大藏省对央行仍有较大影响。

（二）印度

印度作为世界第二人口大国和第五大经济体，其房地产市场发展水平明显滞后于西方发达国家和其他金砖国家。一方面，印度庞大的人口规模和快速发展的房地产市场，吸引了众多国内外投资者进入。另一方面，印度房地产市场也同样面临着住房短缺、结构失衡、监管缺失、房地产金融落后等诸多结构性问题。深入研究印度的房地产市场发展与调控政策，可以为中国当前房地产市场的调控改革提供借鉴和参考。

1. 印度房地产市场发展情况

印度房地产主要包括住宅、写字楼、零售物业以及旅游地产等，其中住宅占比最高。由于城镇化水平的提升和较高的劳动年龄人口占比，印度全国特别是主要中心城市房价快速上涨。图 3－1 为印度全国以及部分主要城市 2010—2020 年第一季度的房价指数走势图。以印度最大城市孟买为例，2010—2019 年房价上涨幅度高达 183%。

除房价快速上涨外，印度住房市场的另一大特征为基础住房需求庞大，而租赁市场小以及高端住房供过于求。据近年印度社会经济普查数据显示，农村地

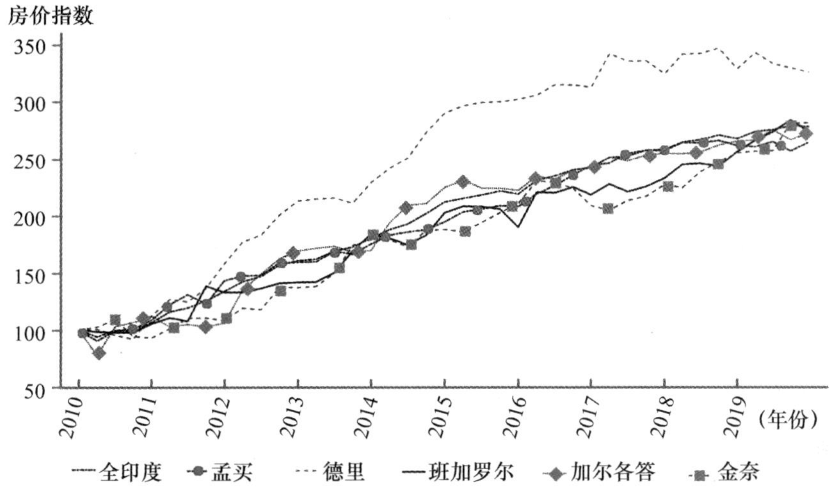

图 3-1 印度全国以及部分主要城市房价指数走势

资料来源：Wind 数据库。

区家庭成员最高月收入低于 5000 印度卢比的家庭占总户数的近 70%，超 80% 的农村家庭收入主要来源于耕种与体力劳动。较大的城乡预期收入差距促使大量农村劳动力涌入城镇，导致流入地住房需求加大，但流动人口往往无法承担城市的高昂房价，进一步加剧了贫民窟与富人区的两极分化。图 3-2 为 1990—2018 年印度、巴西、土耳其以及埃及的城镇贫民窟人口比重比较，可以看出，尽管印度的贫民窟人口比重自 1990 年以来出现明显下降，但 2014 年后再次反弹，与其他同类型发展水平国家相比仍处于高位阶段。

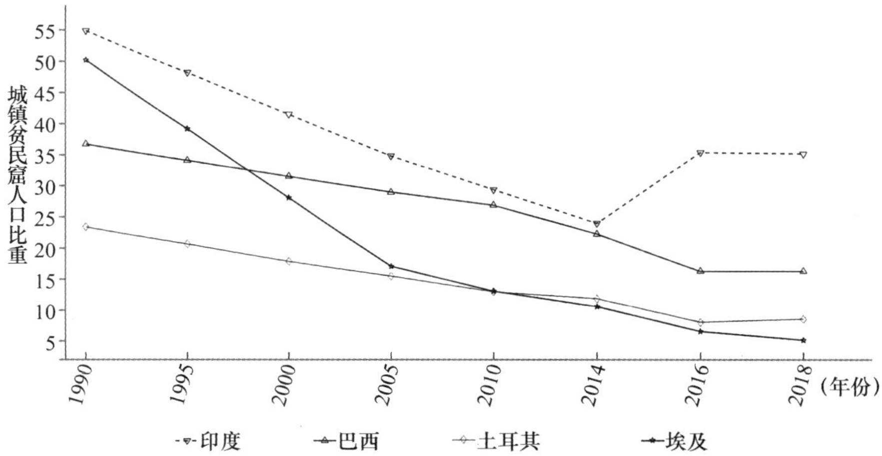

图 3－2　印度与其他同类型发展水平国家的城镇贫民窟人口比重比较

资料来源：Wind 数据库。

2. 印度房地产制度与调控政策

自 1947 年独立以来，印度各届政府针对低收入群体住房总量缺口较大、住房供需不平衡等房地产市场结构问题，一直出台相关调控政策试图进行补充完善。1994 年印度颁布国家住房政策，强调政府创造条件以增加住房供应的作用，消除了部分法律法规限制并支持私营公司投资基础设施建设。2015 年，印度对城市、乡镇、商业和住宅建筑等外商投资政策进行修订，包括删除了 1000 万美元的资本要求，以及在三年的锁定期后，允许退出和汇回外国投资。2016 年，印度通过《房地产（管理与开发）法》[Real Estate (Regulation and Development) Act, 2016]，旨在治理房地产市场的开发乱象。该法案的一大特点是设置相关的监管机构，加大对开发商发起人以及代理商的管理，如法院指示延期完成工程的建筑商需将款项退还给买方等。

从历次重大的房地产调控政策演变可以看出，印度政府一直希望实现从住房的“提供者”到“推动者”的角色转变。由于印度中低收入人群以及贫民窟居民数量庞大，单靠政府财政难以支撑经济适用房的供给和贫民窟改造计划，所以印度政府一直希望借助民间投资和外国投资，通过提高投资透明度和安全性来促进房地产市场的健康发展。但由于印度房地产的发展和制度体系痼疾深重，各级政府对房地产市场的调控效果并不尽如人意。综合来看，印度房地产制度与调控政策的主要内容包括以下四个方面。

（1）土地私有制运行效率低下，严重制约房地产市场发展

印度的土地私有制是房地产市场发展滞后的主要原因之一。印度独立以来曾尝试进行土地改革，但并未能改变土地所有权过于集中的总体态势。21 世纪以来，印度农民拥有小片土地的比例虽然达到近2/3，但大规模优质土地的所有权仍集中在少数富人手中。这种土地所有权的结构失衡，导致土地成本占据了房地产开发成本的大部分，对印度房地产市场的非均衡发展造成了深远影响。

一方面，土地私有制限制了政府保障性住房政策的操作空间。由于政府手上掌握的土地资源有限、回收成本过高，导致印度的公共基础设施建设非常滞后。特别是需要占用大量土地的保障性住房项目，不得不选择比较偏远的郊区，进一步增加了城市的通勤压力。如印度首都新德里和第一大城市孟买的经济适用房项目，离市区的空间距离甚至达到65—75千米。另一方面，土地确权手续的不完善导致了相关诉讼程序复杂，严重影响了房地产项目的开发进度。印度政府长期致力于推进土地契约数据库建设，但到目前为止尚未完成对全国土地契约关系的确权登记，导致全国近90%的土地存在所有权争议。此外，根据印度2014年出台的《土地法》，私人公司、公司合作项目征地必须分别得到80%和70%的被征方同意，这些苛刻条款加剧了房地产开发项目的诉讼风险。据统计，当前孟买市30%的房地产项目和50%的在售楼盘都曾经或正经历诉讼程序，进一步延长了房地产开发项目的建设周期，加剧了房地产市场的供需矛盾。

（2）央地分权制度安排不合理，影响房地产调控政策执行效果

印度中央和地方分权制度安排对房地产调控效果也造成了很大影响。如印度宪法规定联邦政府享有97个职权，各邦享有66个职权，联邦与各邦共同享有47个方面的职权。随着央地分权制度改革和管理权限的逐级下放，导致了房地产调控的主体责任和监管责任边界模糊，许多房地产调控政策的执行很难达到预期效果。

以土地政策和财税政策为例，印度中央政府为防止土地囤积，于 1976 年颁布《城市用地限额监管法案》，但随着形势变化于 1999 年对该法案进行废除。但这部中央政府已经废除多年的法案，印度很多邦至今仍在继续实施。此外，印度第十个五年计划提出要改革租金控制法和财产税，将印花税率降至3%—5%，但有些邦目前的印花税执行税率甚至高达10%—12%。在印度现行的分权制度下，印度联邦政府缺乏对邦政府的有效管控机制，难以夯实地方政府房地产调控的主体责任，同时容易滋生政府内部腐败、办事不透明等社会体制问题，从而进一步影响房地产市场的健康平稳运行。

（3）信贷资金需求缺口较大，房地产金融改革举步维艰

1988 年 7 月，印度储备银行成立了国家住房银行（National Housing Bank，NHB）作为其 100% 的子公司，为区域的住房金融机构提供相关支持。2019 年，印度国家住房银行的再融资支出同比增长 24%，创下超过 312.5 亿卢比的历史新高。其中，自由再融资计划（Liberalized Refinance Scheme ，LRS）、流动性注入机制（Liquidity Infusion Facility，LIF）、特别再融资机制（Special Refinance Facility，SRF）、经济适用房基金（Affordable Housing Fund，AHF）和绿色住房（Green Housing，GH）等政策工具对房地产业特别是中低收入群体进行了融资扶持，内容包括对贷款者进行利息补贴以及有效降低住房贷款利率等。

在印度房地产金融改革快速推进的同时，该领域的深层问题也逐渐暴露。一方面，中低收入群体难以获得购房信贷支持。由于缺乏住房融资渠道，许多中低收入者被迫选择高利率的私人借贷，从而进一步影响其家庭生活质量。另一方面，对高利润的追求使得印度的住房融资机构将精力主要集中于高收入群体的按揭贷款，如提供高档次住宅融资业务、向富人提供更多贷款支持等，但对房地产开发贷款的支持力度明显不足。在印度房屋金融公司的信贷资金中，只有5%—7%投向了房地产开发商和建筑商，导致房地产开发环节高度依赖民间借贷。而印度的房地产投资信托基金和资产证券化等融资业务发展缓慢，进一步加剧了房地产开发企业的经营困难和资金链风险。

（4）重视低收入群体住房保障，实现“住有所居”任重而道远

印度的房地产市场21世纪以来进入了快速发展的周期阶段，土地以及住宅价格的快速上涨，使得低收入群体住房短缺和城市贫民窟问题日益严峻。截至2018年，印度城镇贫民窟人口比重高达37%，加上种姓制度和日益扩大的贫富差距，社会阶层分化十分严重。面对贫民窟的泛滥问题，印度政府于2005年颁布《尼赫鲁全国城市复兴计划》，目标是在2005—2012年间为城市贫困人口建造150万套住房，孟买、艾哈迈达巴德等城市也尝试鼓励私营部门参与到住房建设和贫民窟重建项目当中。2007年，印度政府颁布《国家城市住房和居住政策》，首次强调创造“有能力的全民住房”。2018年，印度联邦住房和城乡事务部启动了经济适用房建设计划，计划在2020年前批准新建1000万套房子，从而实现在2022年前让全民都有房子住的目标。

尽管历届政府都出台了宏大的贫民窟改造计划，但由于印度贫民窟人口基数较大，土地、财税、金融、行政等相关调控政策未能及时有效跟进，导致贫民窟改造的实施难以达到预期效果。以印度艾哈迈达巴德市政府和印度妇女协会（SEWA）合作的贫民窟居民搬迁计划为例，该项目曾经一度被誉为发展中国家第一个类似于“向机会迁移的示范”（Moving to Opportunity Demonstration，MTO）的政策实验。其中，497个项目参与者中有约1/4搬迁到距离市中心大约7.5英里的社区，而其他项目参与者仍居住在市区贫民窟内。

但根据 Barnhardt 等（2017）的追踪研究表明，虽然搬迁后贫困家庭的住房情况有所改善，但由于种姓隔离和社会网络变化，14 年后家庭收入和儿童人力资本并未见明显提高，导致 32% 的人最终退出了住房搬迁计划。[①] 受 2020 年新冠肺炎疫情影响，印度目前已成为全球第二大感染国。疫情期间由于封锁限制，贫民窟居住环境恶化和疫情传播失控等问题进一步引发了全球广泛关注，要在 2022 年实现本届政府提出的全民住房目标任重而道远。

（三）新加坡

1. 新加坡房地产市场发展情况

新加坡是“居者有其屋”的成功践行者，被公认为全世界解决住房问题最好的国家之一。

高住房自有率是新加坡住房市场的一大亮点，超 90% 的新加坡居民拥有房屋产权。不同于大多数国家以租赁方式提供保障房，新加坡于 1964 年推出“居者有其屋”计划，以低售价、低息贷款、高补贴等方式

---

① Barnhardt, S., E. Field and R. Pande, “Moving to Opportunity or Isolation? Network Effects of a Randomized Housing Lottery in Urban India”, Cepr Discussion Papers, Vol. 9, No. 1, 2017, pp. 1 – 32. 转引自李超、连增《学区房问题的国际比较与文献述评》，《城市与环境研究》2020 年第 3 期。

向中低收入家庭出售组屋。短短30年，住房自有率从建国初期的8.8%提升至90%，并从1995年以后一直维持在90%以上。2018年新加坡住房自有率为91%，位居世界第二。

2. 新加坡住房制度和房地产调控

（1）政府强势主导土地市场，低价出让保障组屋建设

新加坡现行的土地制度受英国影响较大，但结合本国国情进行了修改，具体体现在以下几个方面。

第一，土地以国有为主，强制征地、低价补偿。新加坡的国有和公有土地均归国家所有，占土地总面积的87%，而私有土地仅占13%。国有主导的土地产权制度使政府在土地规划、利用与经营上拥有绝对话语权。

第二，新加坡的财政状况总体上良好，政府卖地动力有限。新加坡的宪法及有关法律中对预算编制、财政储备使用等方面均做出明确规定，确保财政预算均衡。尤其在财政支出方面，新加坡提倡“节约型”政府，财政支出较小。此外，新加坡采取的是自助型社会保障制度，社会福利支出较少，这使得新加坡政府基本能实现预算平衡。良好的财政状况下，土地出让金在新加坡政府财政收入中占比非常有限。2017年，新加坡土地出让金占政府财政收入约12%，在土

地出让金使用方面，土地出让金直接纳入国家储备金，政府不能做过多干预，也间接导致了政府卖地动力不足。

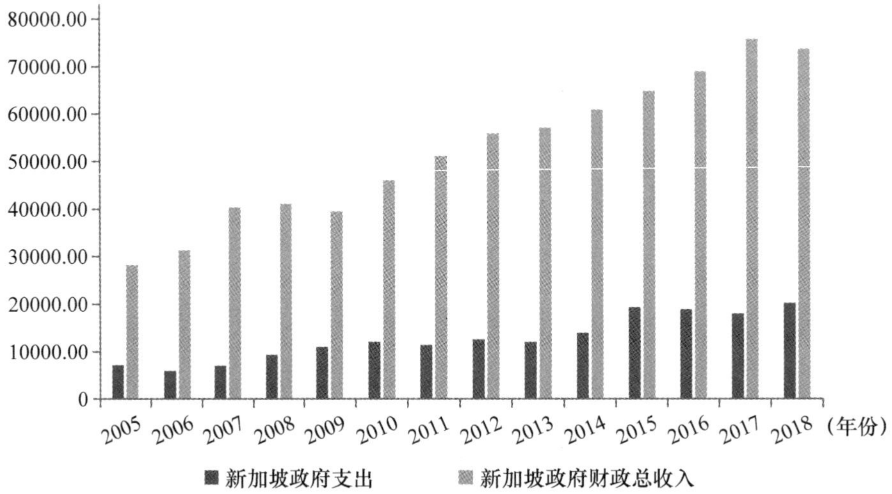

图 3－3　新加坡政府的财政收支状况

资料来源：Wind 数据库。

（2）对非自住房征高税，抑制投机需求

新加坡的房地产税收也可以区分为保有环节和交易环节，保有环节主要是财产税，而交易环节由印花税和所得税构成。

第一，印花税。新加坡的房屋买卖环节涉及三种：一是买家印花税，由买方缴纳；二是卖家印花税，由卖方缴纳；三是额外印花税。租赁环节只针对承租人征税，一般以市场租金或合同租金（取高者）为基数进行征缴。

表 3 - 1 **新加坡税收制度**

	税种		征税对象	税基	免征	税率
保有环节	财产税		持有者	房屋年值	房屋年值在 8000 新元以内的自住房	0—20% 累进（区分自住和非自住）
交易环节	印花税	买家印花税	买家	合同价或市值	无	1%—4% 累进（四级）
		卖家印花税	卖家		持有满三年或四年免征	0—16% 累进（五级）
		额外印花税	买家		新加坡公民首套房	0—30% 累进
		租赁印花税	承租人	实际租金或市场租金	年租金不超过 1000 新元免征	0. 4%
	所得税	出售	卖家	利润	非炒房免征	纳税人个人收入综合征收（0—22% 累进）
		出租	出租人	房租扣除费用后的净额	无	

资料来源：新加坡住房发展局。

第二，财产税。征税对象为房产持有者，以房屋年值为税基，年值在8000新元以内的自住房免征财产税，税率按照自住和非自主住房在0—20%区间累进。

如表3－2所示，新加坡对于拥有多套房屋的家庭，只有一套住宅可享受自住型住宅的低税率优惠，其余适用非自住型住宅的税率，非自住型住宅的最高税率为20%。

表3－2 住宅财产税累进税率

自住型住宅		非自主型住宅	
年值（新元）	税率（%）	年值（新元）	税率（%）
8000以内（含）	0	30000以内（含）	10
8000—55000	4	30000—45000	12
55000—70000	6	40000—60000	14
70000—85000	8	60000—75000	16
85000—100000	10	75000—90000	18
100000—115000	12	超过90000	20
115000—130000	14		
超过130000	16		

资料来源：新加坡住房发展局。

值得注意的是，财产税本身用于调节收入分配，但对房价影响有限。比如，新加坡政府于2011年开始实施累进税率房产税，但没有抑制住房价上涨势头，房价在2013年底才开始回落，2015年进一步提高财产税率，但房价上涨势头不减。

第三，所得税。新加坡的房屋买卖和租赁均需缴纳所得税，租赁环节由出租人缴纳，税基为房租扣除财产税、房屋贷款、修缮费、物业费等费用后的余额买卖环节只针对投资炒作的个人征收，主要为了打击房屋投机。

（3）组屋主导的住房保障制度

新加坡的组屋制度由来已久，目前由政府兴建的组屋已经能覆盖80%以上的住房需求，是新加坡最主要的住房手段。具体而言，新加坡的住房保障制度呈现如下特征：

第一，可租可售的普通组屋。普通组屋是指由新加坡政府投资以低价出售或出租给中低收入群体的保障性公共住宅，在户型方面，目前以大户型组屋为主。普通组屋以中小户型（一、二、三房）组屋为主，满足中低收入家庭的基本自住需求。但随着经济的不断发展，人均收入水平大幅上升，为了满足人们住房改善需求，保障型的小户型组屋需求减少，大户型的组屋比重逐年增加。

第二，支持改善需求的EC公寓。与普通组屋不同，EC公寓主要为改善性需求住房，新EC公寓的申请需要严格审查申购者身份、收入、私产等情况。只有新加坡公民才能申请，且要求其家庭平均月收入低于14000新元，名下无其他住房。

第三，严格限售、抑制投机。组屋制度实施初期，政府不允许转售，从 1973 年起，政府开始放开组屋转售市场，但设置了严格的退出机制。

（四）中国香港

房地产一直是中国香港经济发展和社会治理的重要内容。在经济全球一体化、中国改革开放及经济社会高速发展，以及土地短缺的背景下，中国香港作为一个国际金融中心，难以避免出现房价高涨的问题（仅在 1997 年亚洲金融危机至 2003 年“非典”期间出现下跌），这与内地北上广深一线城市的情况有些相似。更重要的是，当房价大幅上涨，会将市民分化成“有房族”和“无房族”，社会资产上的贫富悬殊现象凸显，使社会进一步分化，给政府管治造成一定压力。

1. 房地产市场的运行特征和主要构成

第一，土地开发较少，房屋供应不足。目前，中国香港已发展土地只占总土地面积的约四分之一。香港土地面积共有 11.1 万公顷，其中只有 24%，即 2.7 万公顷为已发展土地；更只有约 7%，即 7700 公顷作房屋用途，而另外约三分之二为绿化土地，其中郊野公园占近 40%，即 44300 公顷。对比新加坡，尽管其土地面积只有 7.1 万公顷，比中国香港少 36%，但其中已发展土地占 73%，即 5.2 万公顷，比中国香港还多 91%。

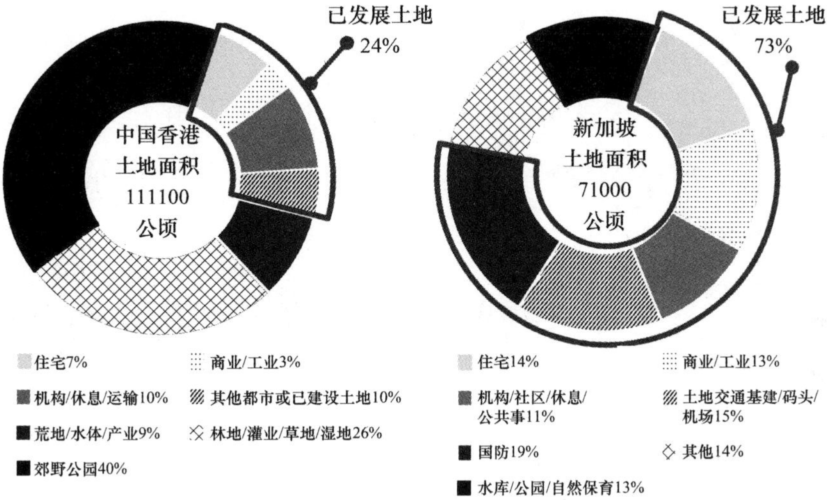

图 3-4 中国香港与新加坡已发展土地的比较

资料来源：中国香港规划署、新加坡住房发展局。

由于港英政府遗留的土地开发政策限制了农地、绿地等多元土地供应，加上反对派议员对香港特区政府土地开发新政的阻挠，过去十多年来，香港土地开发停滞不前。以前，香港已发展土地面积大致随着人口而增长，但自 2005 年起，尽管人口持续上升，已发展土地面积却几乎没有增长，过去 10 年已发展土地只增加约 280 公顷，比前 10 年下降超过八成。

土地开发停顿令近年房屋供应无论私营还是公营，均大幅下降。2007 年至 2016 年，每年平均房屋总供应只有约 25000 个单位，较前 10 年相应数字（每年平均

52000 个单位)，下跌了约五成。2019 年，香港的私人住宅落成量仅为 14093 个，不但较 2018 年下降 33%，亦比政府原先的官方预测大大减少三成。2020 年，新冠肺炎疫情难免进一步打击未来房屋供应。团结香港基金会预测，未来五年的私楼供应量会继续在谷底徘徊，2020 年至2024 年间香港私人住宅单位落成量年均仅为 16000 个单位。

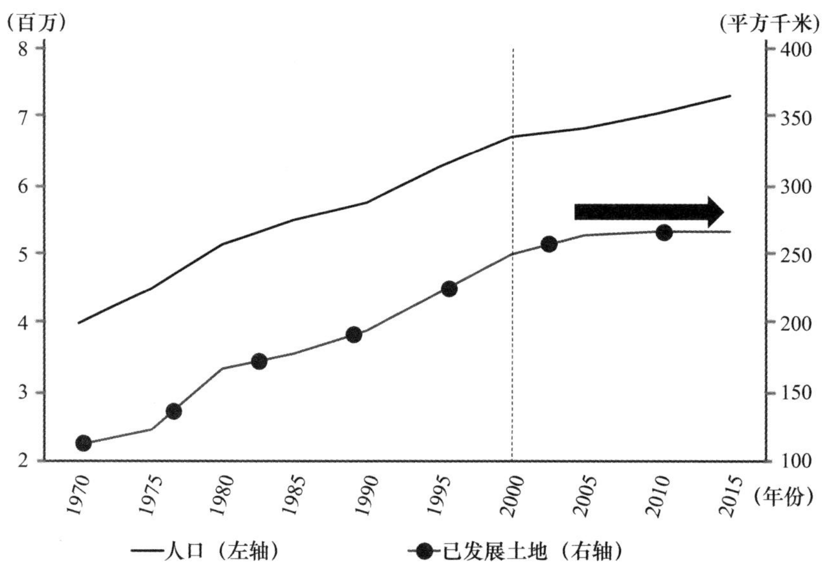

图 3－5 人口与已发展土地面积的趋势

资料来源：香港特区政府统计处、立法会秘书处。

第二，人均住房面积小，城市人口密度高，写字楼空置率低。目前，香港人均居住面积为 170 平方呎[①]，

① 平方呎，也叫平方英尺，1 平方呎约等于 0.0929 平方米。

只有新加坡的270平方呎的60%左右。而中国内地的人均居住面积则更大。

表3-3 **选定国家/城市的人均居住面积**

地区	人均居住面积（平方呎）
中国香港	170
东京	210
新加坡	270
深圳	300
中国内地（城市）	350
中国内地（农村）	400

资料来源：香港差饷物业估价署、香港房屋委员会。

中国香港人口密度水平位居世界前列。按已发展土地面积计算，香港每平方千米人口密度约为25000人，与伦敦、纽约、东京等国际城市比较，香港的人口密度至少高出4倍。香港与孟买的人口密度相近，但香港的人均本地生产总值是印度的26倍。

香港差饷物业估价署的数据显示，香港各类物业，住宅、写字楼、商铺，甚至工厂大厦的空置率，几乎全部创回归以来的新低。

第三，香港房价较高，居民自置居所比率较低。一边是房屋供应短缺，另一边是刚性需求强劲，致使私营房屋价格不断上升，并超越市民负担能力。根据差饷物业估价署数据，2004年至2017年，私营房屋价格上升了约310%，同期住户入息中位数只上升了约

60%。随着越来越多新组成的家庭未能负担高昂的房价而只能租住单位，过去 10 年香港置业率不断下跌。

事实上，香港的住宅房价（以每平方呎计）已经冠绝全球。世邦魏理仕（CB Richard Ellis）的研究指出，香港私人住宅房价比伦敦高 38%，比纽约高 67%。

当前香港的置业率约为 50%，即拥有物业与没有物业的家庭各占一半，两者利益对立，前者希望房价上升，后者希望房价下跌。在过去多年房价持续上升的背景下，资产分布不均导致贫富不均现象加剧，拥有物业的家庭财富因物业升值而持续上升。而没有物业的家庭不但未能透过资产升值分享经济繁荣的成果，其收入更追不上房价及租金升幅，导致生活负担越来越重。

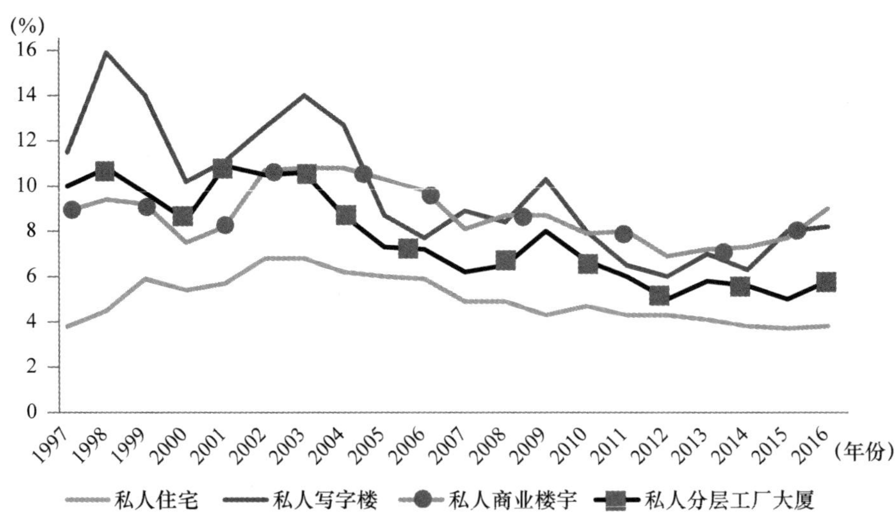

图 3－6 香港各类物业空置率

资料来源：香港差饷物业估价署。

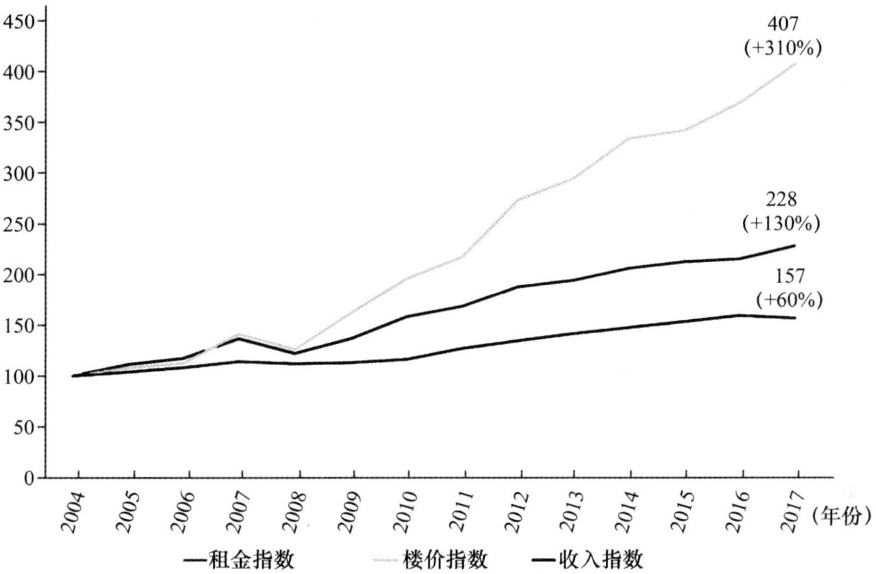

图 3-7　房价及收入指数（2004 年 =100）

资料来源：香港差饷物业估价署、香港政府统计处。

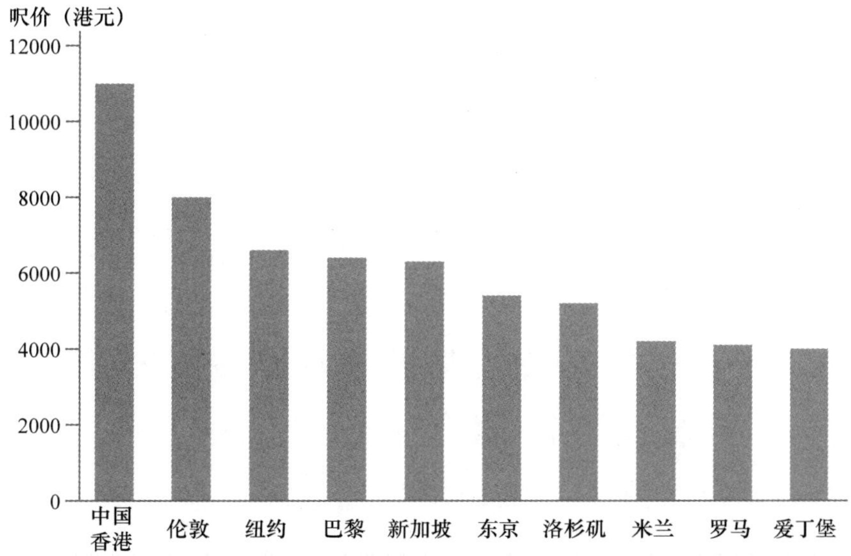

图 3-8　全球各大城市私人住宅平均呎价

资料来源：世邦魏理仕研究部。

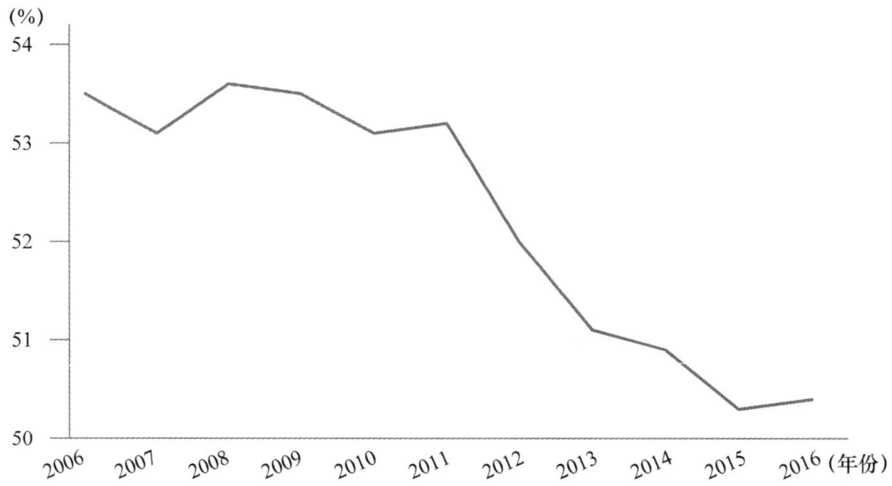

图 3-9　香港自置居所比率

资料来源：香港政府统计处。

第四，反对派议员阻挠香港政府有效施政，公屋供应短缺。香港回归之后，香港社会各界存在一批反对势力，并以泛民主派议员为代表，他们一方面在议会上投反对票掣肘政府房地产政策和规划的方案设计、拨款及落地，另一方面却在社会和媒体上发声，抨击政府房地产领域施政效率低，这一两面性的表现严重影响了社会团结。比如，早于 1997 年便提出详细计划的 10 号干线是连接深圳湾口岸至屯门区蓝地的主要干线，计划重点开发大屿山的交通设施，使之成为连接深圳、新界元朗、香港岛的交通枢纽。然而，2002 年至 2004 年间，由于反对派议员的反对使得香港政府延后了元朗至大屿山段的兴建计划，大屿山至香港岛段也被搁置。这个重要交通基建项目的规划延误甚至搁置，令后来发展新界西北以至大屿山北岸的潜力因为"交通基建负荷问题"大大打了折扣。同样的，西铁作为今天新界西居民的重要公共交通工具，当年也被反对派人士批评为"大白象"工程，结果现在则每天都面对客满之患。

公营租住房屋为香港重要的社会保障措施，其供应无论是在过去还是未来都存在短缺。在过去7年，公屋供应量没有一年能够达到《长远房屋策略》的目标，实际供应比计划供应的累计短缺合计8.26万个，实际供应相比实际需求的缺口则更大。2019年，香港有31万家庭或个人申请公屋，但公屋实际供应量仅为5000个。

表3－4　　香港公营房屋供应目标与实际落成量的比较

年度	公屋供应目标	实际落成量	目标与实际落成量的落差
2013/2014	28000	14057	－13943
2014/2015	28000	9938	－18062
2015/2016	28000	15252	－13748
2016/2017	28000	14433	－13567
2017/2018	28000	13661	－14339
2018/2019	28000	27065	－935
2019/2020	31500	19030	－12470

资料来源：香港房屋委员会。

而且，由于公屋供应严重低于预期目标，供需缺口急剧扩大。未能及时申请到公屋的人数日益累积，公屋轮候册的申请人数攀升。轮候册上的个案总数由2006/2007 年度的 107200 宗增加至 2016/2017 年度的276000 宗。一般申请者的平均轮候时间由 2006/2007 年度的 1.8 年，急升至 2016/2017 年度的 4.6 年，2018/2019 年度进一步攀升至 5.4 年。

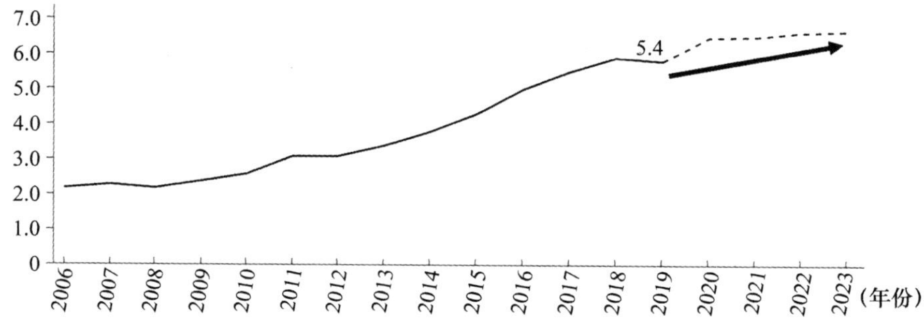

图 3－10　公屋一般申请者的平均轮候时长

资料来源：香港房屋委员会。

香港的楼宇正急速老化，因此香港亦面对庞大的重建需求。假设不清拆任何旧有楼宇，预计 30 年后香港将有 47% 房屋或 150 万个单位的楼龄超过 50 年，其中包括 67 万个公营单位和 85 万个私营单位。

而面对私营房屋租金持续上升，大量未能负担私营房屋单位的居民被迫居住在狭窄及生活环境恶劣的“劏房”①。根据统计处数字，全港“劏房”数目由

① “劏房”的定义为“分间楼宇单位”，即是业主或二房东将一个普通住宅单位分间成不少于两个的较小独立单位，作出售或出租之用。

2011年的3.2万个，大增到2015年的8.8万个，有共约20万人居住。而根据2015年中大未来城市研究所与全港关注劏房平台联合公布的《香港劏房研究》，劏房人均居住面积不足48平方呎，比全港平均的170平方呎小逾七成。

历史上，港英政府对房地产市场发展的长期规划不够，土地储备制度也未能建立，并对农地、绿地等土地开发设置了较多限制。这成为香港特区政府治理房地产的巨大历史包袱。更严重的是，要扭转这些不合理制度和政策，需要系统的复杂的流程，而这个流程往往离不开立法会的投票表决，这个表决却遭到反对派议员的反对或者以“拉布”等形式不断拖延，最终导致香港至今未能建立起长期合理有效的土地制度。以新加坡为例，该国早于20世纪70年代便开始进行滨海湾的填海，但一直到20世纪90年代后期才正式动工建成今天的“滨海湾金融区”，最终目标是建成3000万平方呎的甲级写字楼楼面，比今天中国香港的中环还大。由此可见，早年因填海而有土地储备的新加坡，当土地需求出现的时候便早有准备，成功吸纳大量海外企业进驻，推动经济发展。相反，中国香港没有土地储备。

而且，香港的填海面积也远远落后于邻近城市。例如，新加坡有五分之一的土地（约14000公顷）是填海得来，而该国更计划在2030年前填海增加5000多公顷土地。与香港一水之隔、其总人口比沙田还少的澳门，更有至少六成以上的土地是填海所得。相比之下，香港填海总面积只有约7000公顷，只及新加坡的一半，占全港面积只有约6%。

表3－5 不同地区填海面积比较

国家/地区	填海面积	填海面积占总土地面积
新加坡	约14000公顷	20%
中国香港	约6900公顷	6%
中国澳门	约1900公顷	62%

资料来源：香港地政总署测绘处、香港发展局、澳门地图绘制暨地籍局。

2. 市场发展目标、原则、风险指标与基本框架

第一，香港房地产市场发展的社会目标越来越凸显。总体上看，香港房地产调控政策由经济导向转为社会导向。房屋问题是香港面临最严重而又最迫切的问题，经济的增长和市民的安居乐业都离不开房地产市场的繁荣稳定。房屋是关系经济和社会民生的交叉领域，如处理不当，则会演化成政治问题。房地产是居民的主要生活支出，也是他们的重要资产保有形式，同时会给其他工商业和金融业带来连锁经济反应，是经济社会和政府施政的重要枢纽。

住房问题是社会诉求最集中的领域之一，也是政

府经济施政的主要领域。香港政府的房屋政策有如下特征：一，关于房屋政策的施政理念发生了较大变化，2011 年之前，政府没有在施政纲领中单独阐释房屋问题，只是在经济和城市基建等方面零星提及一些，并且它们都是把房地产和土地作为经济发展导向的，例如 2010 年房屋政策的理念为“经济优先下的地尽其用”。二，近几年，政府对房屋政策由经济导向变为社会导向，并且重视程度逐年加强，部分项目多年被列入政府施政重点项目。三，房屋政策主要有公屋、居屋和增加土地供应三种。公屋数量连年增多，居屋政策由暂停又开始着手启动。土地供应的具体措施越来越细致，政策目标越来越数字化。

第二，社会风险大于经济风险。香港楼市风险不仅是经济金融风险，更是社会风险。

自回归以来，香港社会经济持续发展，彰显了香港在一国两制下，背靠祖国、面向国际的重要优势。但土地供应不足、房屋短缺、房价上升并脱离广大市民的负担能力，香港大部分市民的收入增长追不上房价增长，大量没有物业的家庭无法通过物业升值分享经济发展成果，加深了贫富差距所带来的社会问题。

第三，居者有其屋是香港房地产调控的主要原则。香港政府在房屋问题上越来越实际，切实地从长期、中期和短期的具体措施来回应市民的上楼和置业需求。

同时，政府经济施政的功能正在拓展，不再一味追求经济自由，而是从市民和置业者的角度出发适度有为，提供必要的经济干预。但主要问题是受制于少数市民和反对派的阻挠，政府房屋政策实施的速度较慢、长期性和连续性较差。

第四，增加土地供应和公屋数量保障社会民生之外，香港楼市调控基本框架的另一个内容是改善营商环境。香港楼市调控已经跳出了依靠房地产拉动经济增长的恶性循环（因为这在经济上对其他产业造成挤出效应，社会上加剧不平等，政治上导致民意不满，故称之为恶性循环），也不需要土地财政来维系政府资金需求，所以社会民生导向成为主要调控原则，增加土地供应和公屋数量成为基本框架。当然，房地产市场不是单一的社会属性，必然具有经济属性。从经济方面来，房地产市场调控的主要目标不再是从开发商那里卖地赚钱，也不是收取房地产行业的税收，而是为整体经济发展提供良好营商环境。过度依靠房地产，对香港长期发展不利，仅从经济利益考虑也是弊大于利。

房屋供应严重短缺已对香港营商环境造成很大负面影响。房地产调控不仅是房地产商和基层民众之间的远近亲疏的抉择，也会影响有房民众的生活，更会给工商业、银行信贷和股市带来多重反应，实质上是竞争效能和社会公平的均衡协调问题。房地产是居民的主要生活支出，也是他们的重要资产保有形式，同时会给其他工商业和金融业带来连锁经济反应，是经济社会和政府施政的重要枢纽。香港作为国家主要的国际金融中心，加上具备国际公认的良好法治制度、专业人才和经贸联系网络，可在“一带一路”等国家发展战略中扮演重要的角色。可惜，高房价和高租金致使生活及营商成本飙升，不利于吸引外地专才及企业来港，也不利于充分发挥香港作为“一带一路”及内地金融开放等国家战略的桥头堡角色。

商业用地供应不足使香港写字楼租金长期高企，推升营商成本，损害香港的竞争力。事实上，根据瑞士洛桑国际管理发展学院公布《世界竞争力年报》，在“价格”指标的评分上，香港在63个经济体中，排名倒数第二。而根据国际房地产顾问世邦魏理仕的研究，香港的甲级写字楼租金是全球最昂贵的。

表3-6　全球主要城市甲级写字楼租用成本

城市	每月每呎（港元）
中国香港（中环）	197
伦敦（西区）	139
纽约（曼哈顿）	132
中国香港（西九龙）	124
北京（CBD）	119
北京（金融街）	111
东京（丸之内/大手町）	105

续表

城市	每月每呎（港元）
纽约（南曼哈顿）	102
新德里（拉吉夫广场）	100
上海（浦东）	87
新加坡	55

资料来源：世邦魏理仕研究部。

租金水平长期居高不下，可以想象在这个过程中无可避免地令很多原本想来港建立或扩充亚洲办事处的公司，因为租金太高而望门轻叹。这些公司不会因为在港找不到写字楼而放弃在亚洲的快速经济增长中分一杯羹，他们只会选择落户其他亚洲城市。换言之，因为香港缺乏充裕的写字楼供应，租金水平长期高于新加坡、上海等城市，其实已等于把本来可以属于香港的就业、收入和增长机会，拱手相让于亚洲其他对手城市。根据第一太平戴维斯（Savills）的一项研究，比较跨国企业把业务重置到全球主要商业城市的成本，当中包括写字楼的租金以及为 14 个高层管理人员配置住处的费用，当中把业务重置到香港的成本高于伦敦、纽约，是全球最贵的城市，更比新加坡高六成，甚至是上海的 2.7 倍。

3. 房地产市场的政策调控

（1）房地产上升周期的政策调控

在房地产上升周期，香港政府的调控政策主要是增

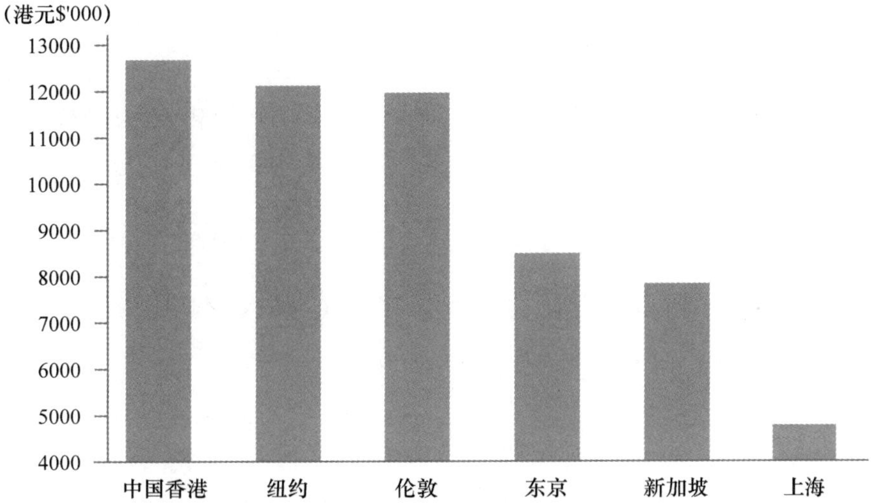

图 3－11　全球主要城市的业务重置成本

资料来源：第一太平戴维斯。

加土地供应和公屋供应，以及抑制炒房。近年来，政府增加土地供应的主要方式是改划（变更土地规划）。2015—2019 年，香港土地供应来源按落成量比例排名依次为：改划（30%）、重建（28%）、填海（18%）、铁路项目（16%）、新市镇及新发展区（8%）。一般而言，如果现有政府设施的用地需要用作房屋发展或其他用途，负责受影响设施的部门，会按其运作需要及设施使用情况，决定应否在区内或区外，永久或暂时性地重置设施，并可向有关部门（例如规划署、地政总署或政府产业署）提出土地或物业处所要求，以作重置，并致力于配合拟议用途的时间表。划改手续烦琐，用时较长。由递交项目申请至完成改划手续，需要 3—3.5 年。土地平整工作需要 1—2.5 年。也就是说，需要 4—6 年才可以将其他用途的土地变成可以建造房屋的熟地。实际上，由于种种原因，历时往往更长。

香港政府自 2013 年起物色 216 幅土地作改划，截至 2020 年 1 月只有 132 幅（61%）完成。2019 年，政府只完成了 3 幅地的改划工作，目前仍有 64 幅用地正在“晒地皮”等待开展。改划工作通常都以“先易后难”的原则推行，在前期完成改划的个案应该较易成功，因此未来的土地改划只会越来越难。

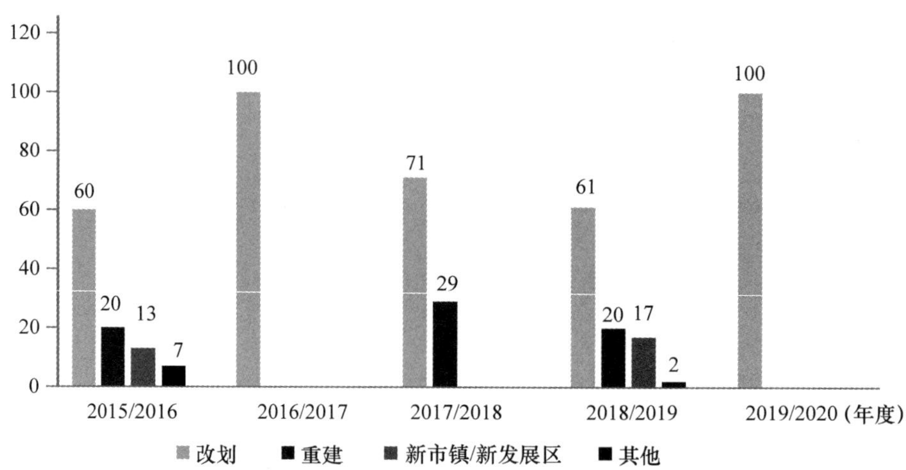

图 3－12　香港 2015/2016—2019/2020 年度延误落成公屋的土地来源

资料来源：香港地政总署测绘处、香港发展局。

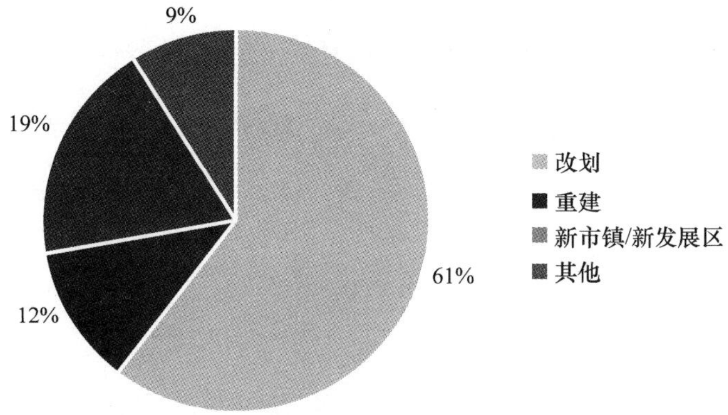

图 3－13　2022—2023 年度按土地来源划分的落成公屋单位数目占比预测

资料来源：团结香港基金。

自 2013 年起，香港共有 81 幅土地完成改划作公营房屋发展，截至 2020 年 4 月，其中 36 幅用地的公营房屋项目经已动工或落成。而余下的 45 幅公营房屋发展用地，亦正按发展时间表推展不同的前期工作，包括土地收回及清理，以及工地平整及基础设施工程设计等。

除了开拓可用土地，香港政府还调整公营供应比例。香港政府在 2018 年 12 月发表的《长远房屋策略 2018 年周年进度报告》中增加公营房屋供应的比例，将公、私营房屋供应比例由以往的 60∶40 调整至 70∶30，使公营房屋的 10 年供应目标增加 4 万多套至 31.5 万套。

从政策的实际效果来看，尽管香港政府将增加土地供应和公屋供应作为施政的重中之重，但由于各方面阻力重重（如环保组织禁止开发土地、房地产利益集团囤地捂盘、立法会反对派议员故意阻挠等），实际供应量并不多，这也表明，严格落实“爱国者治港”政策、加强特区政府执政能力，是非常及时和有必要的。

表3－7　　过去8个财政年度香港私人住宅土地供应（宗数）

年度	政府主导的土地供应	其他土地供应	合计
2012/2013	13190	3420	16610
2013/2014	16150	1900	18050
2014/2015	17430	3760	21190
2015/2016	17510	2360	19870
2016/2017	16620	3160	19780
2017/2018	8720	17140	25860
2018/2019	11690	2850	14540
2019/2020	9260	2930	12190

资料来源：香港发展局、地政总署。

在房价上行周期，香港政府出台了众多“辣招”，抑制炒房，主要包括提高印花税、收紧按揭。香港政府认为，当政府采取地产降温措施后，绝大多数短期投机者和投资者都将会离开香港房产市场。香港房地产市场最终将成为一个更健康、更可持续的自用购房者市场。然而，这些“辣招”增加了购房成本，在开发商势力过于强大的背景下，这个成本主要由刚需承担而非开发商承担，一定程度上削弱了政策原本的预期效果。

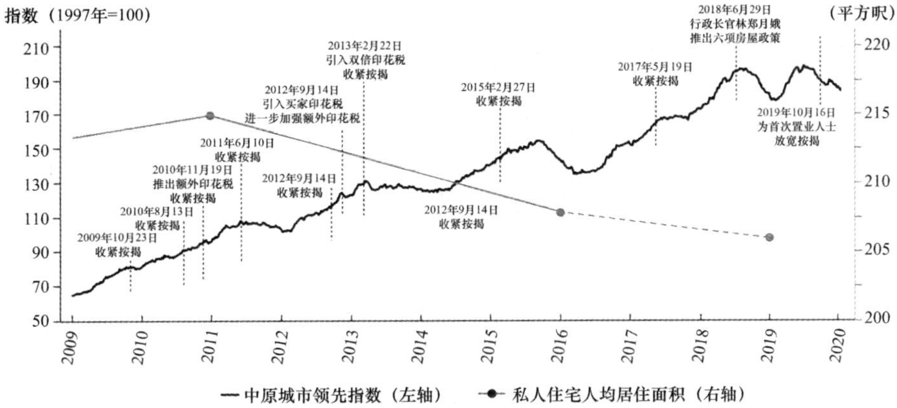

图 3－14　香港房价走势及各节点的调控政策

资料来源：香港房屋委员会。

（2）房地产下行周期的政策调控

香港房地产下行周期较短，回归祖国以来，仅在1997—2003 年出现了一段低迷期。受亚洲金融危机的影响，加上部分英美资金在回归后撤离香港、做空香港，1997 年开始香港楼市崩盘，房价大跌。房价下跌势头延续了几年，在 2002 年和 2003 年又遭受了“非典”疫情冲击。其间，香港政府及时采取了缩减土地和房屋供应的举措。

香港房价下行周期虽短，但政策影响极大，对香港房地产长期发展产生深远影响。具体表现在三个方面。

一是实施勾地制度。在 1998 年亚洲金融危机后，香港楼市大跌，同时房地产企业停止购入土地，地价大幅度下跌。港府为了保证土地不被贱卖，暂停了土地拍卖，转而执行勾地政策。在“勾地表”制度下，每年由地政署公布当年的“勾地表”，发展商对“勾地表”内土地提出购买申请。如果申请人的出价符合政府按公开市场价格所作的评估，该幅土地便会以公开招标或拍卖的形式出售。如在拍卖当中该底价不保，政府会收回该幅土地，以保证不贱卖资产。香港政府希望勾地制度能起到稳定市场、调节供求和确保政府收入的双重作用。

然而，该制度存在一些问题。该制度实施后，由于政府不公开“勾地表”内各幅土地的底价，人为制造市场信息不对称，增加了土地被勾出的难度，导致拍卖稀少，变相收紧土地供应。从房地产企业角度来看，大型企业和中小型企业反应不一样。中小型企业在勾地制度下，即使成功勾地，也不等于最终在拍卖上胜出。其最终结果是，大型房地产开发商在香港房地产市场中占据垄断地位，加剧了房屋供应紧张和房价上涨，又反过来进一步提高了房地产开发商的经济和社会地位，抑制了其他产业的长期发展。2013 年，香港政府正式取消了勾地制度，但房地产开发商对香港经济社会发展的“绑架效应”没有根除。

二是公屋供应不足。香港公屋数量不足具有历史原因和政治原因。1997 年 10 月 8 日，香港特别行政区成立 100 天。首任行政长官董建华宣读了其上任以来首份施政报告——《共创香港新纪元》，提出了极具魄力的“八万五”政策。根据该政策，香港政府供应充足的住宅用地，每年兴建八万五千个单位。作为香港长远的建屋目标，这个政策的目的是抑制房价，既要提高香港的国际竞争力，又让普通市民得以置业，防止香港贫富差距拉大。遗憾的是，亚洲金融危机爆发后，香港楼市暴跌，“八万五”政策被迫叫停。甚至当时很多反对派人士将楼市暴跌归咎于“八万五”政策，挟持少数民意攻击政府施政，使得大幅度增加公屋供应这类的政策都很难获得立法会通过，历届香港政府都将增加公屋作为重要民生事项，但政策力度都比“八万五”政策小得多，而且在实施过程中也会遇到各种阻力，导致实际供应量比政策计划还要小得多。

三是未能建立起完备的土地储备制度。香港在 1998—2003 年房价大跌后，停止了填海造地和其他土地开发，可用土地储备严重不足，直到 21 世纪头十年房价重拾升轨便显得“猝不及防”，即使有意增加供应压抑房价，亦苦于无可用土地。

4. 房地产市场政策调控的理论模拟与政策模型

从政府端来看，香港房地产市场调控并无明确的理论依据和政策模型，主要是依据现实情况，在每年的施政报告中发布，并且会隔几年发布一次房地产方面的重大政策，类似于中国内地的五年规划或土地使用中长期规划。

从学术研究和市场分析机构来看，主要基于政府当前和长远调控政策以及政府面临的施政阻力、各建设项目实际进展情况，作出中长期理论预测。

根据团结香港基金的理论预测，香港未来私人住宅单位数量保持低位徘徊，难以满足现实需求；新增公营房屋数量超过私人住宅，主要分布在新界地区；长期土地来源主要是改划和重建。

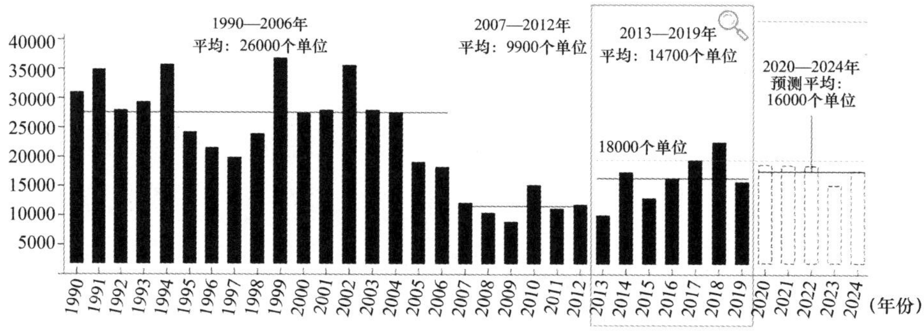

图 3－15　香港私人住宅单位实际及预计落成量

资料来源：团结香港基金。

5. 重点政策及措施手段的边际评价与搭配原则

第一，土地供应成为最直接的难题。土地供应和公屋数量是香港政府房地产调控的主要搭配组合。尽管公屋是民众最为关心的，但从现实角度来看，首先要有充足的土地，不然房屋建设就是空中楼阁。回顾香港发展史可说是新市镇发展史，20 世纪 70 年代建立了荃湾及沙田等 6 个新市镇，80 年代发展天水围和将军澳等第二代新市镇。但受制于港英政府遗留政策和反对派的阻挠，香港土地发展速度从 90 年代开始明显放缓，只有东涌新市镇在此期间落成，距今已有近 20 年。而下一个新市镇（或称新发展区）洪水桥最乐观的预测是于 2023/2024 年入伙，但到期落成则至少要到 2037 年。也就是说在东涌新市镇与洪水桥新发展区落成之间，香港有将近 40 年未有建成任何新市镇。

第二，社会上各利益团体的反对势力庞大。其一，各环保团体基本上对大部分土地发展项目，均以环保理由反对。例如，在 90 年代中期，保护海港协会成功促成《保护海港条例》的立法，进而在 2004 年成功阻止政府的多个填海计划，如青洲及启德等。另外，多年来多个环保团体亦曾用司法复核等方式，拖慢多个土地发展项目。其二，地产发展商（特别是拥有大量土地储备的地产发展商）基于自身利益考虑也倾向于反对政府增加土地供应。仅四大开发商手上的农地储备已超过 1000 公顷，对比之下，政府拍卖的住宅地亦只有每年平均 30 公顷。若没有新增土地供应，地产发展商的土地储备便奇货可居。

第三，政策落实不及预期。如上文所述，推行勾地制度、搁置“八万五”政策、延缓大屿山兴建计划、未建立起土地储备制度、“辣招”政策大打折扣等，这都对香港房地产市场产生了深远影响。一方面，香港社会各界阻挠政府调控房地产的势力集聚；另一方面，导致房地产霸权格局的出现，政府在征地、用地、规划、建设等各方面都很难对大型房地产开发商进行有效规制。

四　房地产调控模式国际比较与经验总结

房地产制度设计和调控模式的国别差异，导致了世界各主要国家和地区的房地产市场呈现出不同特点。如英国和中国香港陷入高房价之困，美国和日本曾深受房地产危机之苦，而德国和新加坡则成为全球房地产市场调控的典范，基本上实现了住有所居。通过总结世界主要国家和地区房地产市场发展的经验和教训，科学评价房地产调控政策的有效性和实施效果，对于进一步加快完善中国房地产市场长效机制建设，具有极为重要的借鉴意义。

（一）英国和中国香港模式：供地不足和金融高杠杆

1. 英国：市场化调控为主、政府调控为辅

（1）土地制度以自由保有为主，住宅供地不足

英国的私有土地制度为房地产市场的交易买卖提

供了基础，但在土地的使用上，尽管土地多为私人实质所有，但发展权归属政府所有，房地产开发需向地方政府申请规划许可，住宅用地供给不足，导致地价大幅攀升。

（2）税收制度上“重交易、轻保有”

英国土地保有环节税负较轻，目前主要为市政税。2017 年平均税率仅约 1.8%，如考虑房价上涨因素，英国房地产税负实际更低，过低的税负和税制上的重交易轻保有刺激了英国房地产价格的上涨。

（3）住房供应的市场化转型推升金融杠杆

20 世纪 80 年代以前，英国政府在住房供应中占有一席之地。英国政府通过建房合作社在住房贷款发放等房地产金融领域发挥重要作用。随着英国金融自由化的推进，英国住房金融市场的竞争显著加剧。一方面，商业银行逐渐加入到住房抵押贷款的业务中来。另一方面，建房合作社面对来自其他金融机构的激烈竞争，自身也不断向市场化转型。在金融自由化的浪潮之下，英国建房合作社的数量从 1980 年的 273 家减少至 2000 年的 67 家，逐步退出了住房金融的主导地位。

住房金融市场化刺激居民部门加杠杆，加上政府推行社会住房私有化，更激发了居民的购房需求，共同导致居民部门债务水平的激增。80 年代之前，住房抵押贷款占 GDP 比重保持在 20% 以下，但随后的 30 年急速增长，2010 年达到历史最高的 64%。在金融危机之前，英国居民负债占收入比重超过 150%，比美国还高，最终导致英国成为次贷危机中受冲击最大的国家之一。

2. 中国香港：土地、金融和税收制度助推房价上涨

（1）土地开发不足限制了房屋供给

中国香港土地供给不足主要有两方面原因。第一，延续了英国重视生态保护的规划理念，加剧了土地短缺。第二，土地供应量不足造成在公营房屋方面，虽然低价租售，但条件偏差，且供应不足。尤其是过去十多年来，香港土地开发停滞不前。以前，香港已发展土地面积大致随着人口增加而增长，但自 2005 年起，尽管人口持续上升，已发展土地面积却几乎没有增长，过去 10 年已发展土地只增加约 280 公顷，比前 10 年下降超过八成。

土地开发停顿令近年房屋供应，无论私营或是公营，均大幅下降。2007 年至 2016 年，每年平均房屋总供应只有约 25000 个单位，较前 10 年相应数字（每年平均 52000 个单位），下跌了约五成。

（2）公屋供应短缺

历史上，港英政府对房地产市场发展的长期规划不够，土地储备制度也未能建立，并对农地、绿地等土地开发设置了较多限制。这成为香港特区政府治理房地产的巨大历史包袱。更严重的是，要扭转这些不合理制度和政策，需要系统的复杂的流程，而这个流程往往离不开立法会的投票表决，这个表决却遭到反对派议员的反对或者以“拉布”等形式不断拖延，最终导致香港至今未能建立起长期合理有效的土地制度。公营租住房屋为香港重要的社会保障措施，其供应无论是在过去及未来都存在短缺。

（3）低首付低利率刺激居民加杠杆购房

香港居民首套房首付一般为四成，但可以通过购买按揭保险等方式将首付最低降为5%。香港实行联系汇率制，由于近年来美国的低利率政策，香港的房贷利率水平偏低，刺激居民加杠杆购房。从居民部门的杠杆率来看，香港按揭贷款余额占GDP的45%，处于较高水平。

（4）税收制度上保有环节税负低

在保有环节上，香港房地产保有基于租金征税，包括5%的差饷与3%的土地租金，出租物业另缴15%的物业税。但差饷与土地租金只占物业价值的0.2%—0.5%，与欧美物业税1%—2%相比偏低。

（二）美国和日本模式：过度金融化加剧市场波动

1. 美国：房地产市场过度金融化

（1）住房税收制度轻买方重卖方

美国的房地产税为州和地方政府税种，房地产税占 GDP 和居民总收入的比重分别为 2.7% 和 3.2%，住房税收制度对房价的调控作用非常有限，住房投机活动存在周期性活跃和冷却现象，并未受到有效抑制。

（2）住房过度金融化

美国住房市场的过度金融化问题严重。住房金融化将住房市场风险充分传导至整个金融体系。美国住房金融普遍存在资产证券化的做法，超 80% 的新发放抵押贷款被转让并资产证券化，资产证券化虽然可以为抵押贷款提供资金来源，但风险也因此直接转移至资本市场。

2. 日本：宏观政策与房地产调控不协调

（1）货币政策缺少独立性

1997 年之前，日本央行从属于大藏省，独立性较弱，为促进经济增长而实行宽松的货币政策，从而刺激了房地产泡沫。虽然1997年新《日本银行法》出台，削弱了大藏省对于日本央行的控制力，央行的独立性有所增强，但在货币政策方面大藏省仍保持较强影响，央行货币政策的独立性弱于欧美国家。加之长期以来，日本经济低迷造成的通货紧缩问题，日本央行长期使用扩张性的货币政策刺激通胀，从而加剧了房地产市场的繁荣。

（2）市场化转型刺激了房地产投机

20世纪80年代中后期，存款利率市场化导致银行吸储成本大增。金融机构在资本成本压力下转向为中小企业和个人提供不动产抵押贷款，宽松的资金面刺激炒地。

（3）税收制度重交易轻保有

日本房地产交易环节税负较重，而保有环节税负较轻，只需缴纳固定资产税和都市计划税，综合税率不足2%，为了控制房地产价格上涨，日本政府开始加征地价税，但此时房地产市场已处下行期，加税体现政府调控决心，市场预期迅速扭转，加速地价下跌。

（三）德国和新加坡模式：保障房地产市场运行平稳

1. 德国：金融、税收和租赁制度稳定楼市

德国住房市场既能多年保持价格稳定，又能解决

大部分人的住房问题，在发达资本主义国家中独树一帜，与其实施的多项有针对性的、可操作性的政策是分不开的。

（1）短期来看，发达的租赁市场是首要原因

德国的租赁住房率之所以能达到58%，特别是年轻人中77%是“租房族”，人们租房的安全感丝毫不亚于拥有自有住房，主要得益于德国政府在保障租户权益方面的努力。德国《民法典》等多项法律对房租价格实施强有力的管理和约束，这些法律法规确保了租房市场保持基本稳定，使占住房市场超过半数份额的租房市场价格波动很小，对稳定房价发挥了决定性和基础性的作用。

（2）从中期来看，特有的住房金融模式是重要保障

第二次世界大战后德国政府无法将大笔资金投向住房，因而推行了德国特有的住房储蓄制度。该制度的一大特点就是封闭运作，固定利率。其运作独立于资本市场，存贷款利率不受资本市场供求关系和通胀利率变动的影响，居民还贷额固定，因而对居民有相当大的吸引力。在德国，住房储蓄银行所提供的抵押贷款比例远高于商业银行，从而基本消除了金融市场动荡对房价的影响，有效抑制了房价的大起大落。

（3）完善的税收政策有效抑制了过度投机

由于短期内供给有限，房地产具有较强的投资品属性，具有波动性大的特点。德国是一个法律和法规无处不在的国家，在住房市场上也不例外。无论是租房还是买房，当事人都有章可循，交易的透明度很高。德国政府一直将税收政策作为抑制房地产投机的“利刃”。这些重在增大房地产投机炒作成本，压缩炒房者的利润空间的税收政策，有效地抑制了德国人过度投资需求，抑制了房地产泡沫。

2. 新加坡：土地、公积金和住房保障制度实现住有所居

（1）国有为主的土地制度保证了供地充足

新加坡政府以低价把土地转让给 HDB，保障组屋建设量足价廉，HDB 以远低于市价获取土地，组屋售价远低于私宅。

（2）公积金主导的住房金融和组屋主导的住房保障制度基本实现了全覆盖

在住房制度方面，新加坡已建立组屋制，基本满足了家庭的住房需求，实现了各种收入群体的全面覆盖。比如普通组屋是指由新加坡政府投资以低价出售或出租给中低收入群体的保障性公共住宅，在户型方面，目前以大户型组屋为主。普通组屋以中小户型（一、二、三房）组屋为主，满足中低收入家庭的基本自住需求。但随着经济的不断发展，人均收入水平

大幅上升，为了满足人们住房改善需求，保障型的小户型组屋需求减少，大户型的组屋比重逐年增加。而与普通组屋不同，EC 公寓主要为改善性需求住房，新 EC 公寓的申请需要严格审查申购者身份、收入、私产等情况。只有新加坡公民才能申请，且要求其家庭平均月收入低于 14000 新元，名下无其他住房。同时，新加坡对保障性住房实施严格限售、抑制投机。组屋制度实施初期，政府不允许转售，从 1973 年起，政府开始放开组屋转售市场，但设置了严格的退出机制。

（3）交易保有并重的税收制度充分抑制了市场投机

新加坡的房地产税收体系较为完备，保有环节主要是财产税，而交易环节由印花税和所得税构成，税率采取累进制，以打击房地产投机。

（四）法国和印度模式：高度重视低收入群体住房保障

1. 法国：住房政策关注弱势群体

法国政府对住房市场的干预由来已久，针对低收入和贫困群体的住房保障，主要有“公共住房”和“社会住房”两种形式。根据申请人的贫困条件，分配标准的界定也有所不同。综合来看，法国住房保障政策的关注重点主要有三个方面：

（1）尽力满足公民居住需求，保护最弱势的群体

法国相关法律中对“住宅权”的概念界定为：“所有在生活上有困难的个人或家庭，都有权利通过政府的帮助而获得或使用一套符合各项基本生活标准的住宅”。法国政府2017年发布的住房战略中包括，未来5年内将建造8万套房屋给有需求的年轻人和学生群体。对于那些需要紧急避难所的低收入群体，政府实施住房优先计划，每年建设4万套超低收入者住房用来满足其住房需求。

（2）制定房租限价措施，保护租房群体利益

为了限制房租过快上涨，法国在38个城市出台了房租上涨限价政令。以巴黎地区为例，在签署新的租约或更新租约时，房租不能超过“房租参考价”的20%，续租时房东至少提前6个月决定是否调整房租。当房客遇到房东过分提高房租时，可以诉诸调解委员会。2017年底出台的新租赁押金条例规定，所有的学生租户无须进行经济状况调查就可以免除租赁押金。

（3）出台城市更新计划，改善贫民住区居住环境

法国政府2017年发布的住房战略中提出，将全国城市更新项目的预算由50亿欧元提高到100亿欧元，用于解决450个贫困率最高地区的各种城市更新问题。通过改善住房条件、提供优质公共服务和促进经济发展等方式，使得城市具有更大的社会多样性和包容性。

2. 印度：致力于解决贫民窟问题

印度长期以来一直面临严重的贫民窟问题。尽管历届政府都出台了宏大的贫民窟改造计划，但由于印度贫民窟人口基数较大，印度政府没有能力建立可持续的覆盖全社会的住房保障体系，也没有能力对目前数量巨大的贫民窟治理给予充足的财政支持，要想在2022年实现本届政府提出的全民住房目标任重而道远。综合来看，印度住房保障政策的关注重点主要有三个方面。

（1）改善贫民窟基础设施条件

在贫民窟的原地改造计划中，由政府提供资助来改善基础设施和公共服务，包括在贫民住区设立商店、普及互联网、安装路灯，支付电费、水费和财产税，帮助申请许可证和执照登记，发放出生证、死亡证和抚养证，对财产进行估价等。印度还在试行由社区主导的“基础设施财务基金”。该基金由社区发起，目的在于为进一步扩大的住房和基础设施项目的建设提供战略资助。

（2）利用PPP模式推进贫民窟改造

印度政府于2017年9月颁布了最新的PPP政策，通过将私营部门与公共部门的优势结合起来，并将其作为保障性住房建设的基本模式加以推广。从目前实施的效果来看，PPP 模式一定程度上提升了对低成本土地的获取能力，打通了融资和资本市场，并能适当地分配收益和风险，对于解决当前印度保障房建设的难点问题具有一定的积极效果。

（3）实现全民住房的目标

进入 20 世纪以来，伴随经济全球化和世界房地产市场的繁荣发展，印度的房地产市场也进入快速发展的阶段，土地以及住宅价格的快速上涨，使得低收入群体住房短缺和城市贫民窟问题日益严峻。截至 2018 年，印度城镇贫民窟人口比重高达 37%，加上种姓制度和日益扩大的贫富差距，社会阶层分化十分严重。面对贫民窟的泛滥问题，印度政府于 2005 年颁布《尼赫鲁全国城市复兴计划》，目标是在 2005—2012 年间为城市贫困人口建造 150 万套住房，孟买、艾哈迈达巴德等城市也尝试鼓励私营部门参与到住房建设和贫民窟重建项目当中。2007 年，印度政府颁布《国家城市住房和居住政策》，首次强调创造“有能力的全民住房”。2018 年，印度联邦住房和城乡事务部启动了经济适用房建设计划，计划在 2020 年前批准新建 1000 万套房子，从而实现在 2022 年前让全民都有房子住的目标。

（五）国际经验的总结与启示

1. 货币政策稳定是房地产市场平稳发展的前提条件

货币金融政策稳定是房地产市场稳健发展的重要前提。德国能够保持房价长期稳定，主要在于稳健的货币政策和货币发行。美国60年的房地产的繁荣也可以归因于房地产过度金融杠杆化。日本在20世纪90年代地价泡沫的催生与破灭，在于货币超发、金融改革节奏过快和专业住房金融机构监管缺失。房地产泡沫归根结底是一种金融现象，宽松货币政策是房地产泡沫的温床。可以说，历次房地产泡沫背后都有货币放松的痕迹。2000—2003年，美联储连续13次降息，美联储的货币超发，孕育了美国房地产泡沫。

另外，加息刺破泡沫将导致房地产风险最终升级为严重的经济危机。2004—2006年美联储连续加息17次共425个基点，最终引发房价大跌，房地产牛市终结。房地产危机触发抵押贷款相关证券严重贬值，众多参与投资的大型金融机构巨亏甚至破产，市场恐慌和流动性危机波及整个金融体系，进一步冲击房地产市场，最终升级为全球金融和经济危机。

因此，保持货币金融政策稳定连续是治本之策。作为宏观经济调控的重要工具之一，货币金融政策对房地产市场的短期波动影响最为显著。

2. 金融可以起到支持房地产市场健康发展的作用

金融也为房地产市场健康发展提供了辅助条件。从房地产市场发展的国际经验来看，在起步阶段，各国对资金的需求量存在巨大缺口，通过金融系统加大对住房市场各主体的信贷支持力度是各国的普遍做法。

第一，加大对租赁房项目的支持力度。从日本和新加坡等国的经验来看，由于住房租赁市场改革正处于发展时期，金融支持住房租赁市场发展也处于不断探索和优化阶段，可以适当调整住房租赁金融信贷支持政策，金融机构可适当提升租赁住房开发贷款项目总额度占比或适当放宽公司租赁住房贷款年限等，以填补住房租赁市场巨大规模的资金缺口。

第二，加快推动住房租赁资产证券化体系建设。资产证券化是发达国家普遍采用的房地产市场发展手段。可以探索将供租赁使用的住房及其周边相关资产进行结构性整合，通过租赁住房资产证券化，使上述固定或非固定资产转化成可在金融市场上流通的买卖证券以满足住房租赁企业的融资需求，从一定程度上缓解住房租赁企业现金流不充足的问题。

3. 税收是短期调节房价的重要政策工具

房地产税收制度作为一种财富调节机制，有其内在合理性，但在调节房价方面，其在短期内对居民预期有一定影响，但长期看，在稳定房地产市场方面的作用并不显著。尤其考虑到税收政策存在的政策时滞效应，其效果取决于出台时机，如调节失当，反而可能加剧房地产市场的大起大落。如日本1991年出台地价税，加强特别土地保有税以后，地价加速下跌，主要原因在于房地产泡沫已经破裂，加税进一步强化了市场对政府调控和房价下跌的预期。当时大量企业法人和个人加杠杆投机房地产，受加税影响预期成本大幅增加，导致加速抛售不动产。

长期来看，房地产税对市场需求和房价长期走势的影响不显著。主要在于房地产税综合实际税率相对于房地产持有收益较小。2011年新加坡的房屋财产税实行超额累进税率后，财产税规模占总税收比重约从7%上升至8%。日本1973年设立的特别土地保有税、1991年设立的地价税，以及韩国2005年设立的综合不动产税，针对高价值或大面积房地产征收惩罚性税率，影响范围有限。日本1973年的特别土地保有税和1992年的地价税总规模，占当年全国土地价值不到0.05%和0.03%。

需要注意的是，房地产税虽对调控住房市场作用有限，但可成为地方稳定而重要的财政收入来源。美国、英国等典型经济体普遍征收房地产税，主要目的是为地方筹集税源，而不是将其作为房地产调控的政策工具。美国各州从19世纪中期开始普遍征收房地产税，但没有改变美国房地产价格的波动，也没有避免次贷危机的爆发。

4. 房地产税的设置应以调节收入分配、拓展地方收入来源为目标

房地产税征收的国际经验显示，各国房地产税的设置主要是为了调节收入分配和拓展地方收入来源。

第一，房地产税的设立和实施带有缩小人与人之间利益差距以及贫富差距的政策目标和效果。从各国的房地产税设立和实施的情况来看，房地产税的实施并不一定能够解决贫富差距大、利益不公的问题，实施不当反而背向而行，起到了反作用。反之，也有成功的例子存在，比如法国，其居住税以及住宅税空置税提高了社会的整体福利，由于该国的富人与穷人之间无论是住房条件还是拥有的房产数量差别很大，因此法国以征税的方式实现缩小富人与穷人的差距的目的。

第二，房地产税可以通过拓展房地产税基，保证财政收入来源稳定并且为地方政府提供坚实的财力支撑。以美国为例，该国房产税就是一种宽税基的类型，其相当一部分房地产都归入房产税的课征范围之中，为美国基层政府提供了重要的财政收入来源。

5. 土地供给是房价的直接影响因素

土地制度直接影响房地产供给，土地供应充足、精细化管理是房价稳定的基础。美国是地广人稀的典型代表，居住用地面积高达56万平方千米，占国土面积的6.2%，居住用地供给充足。此外，美国的土地市场发达，私人土地之间的买卖手续十分简单，除了对土地买卖投机进行必要的监管之外，政府主要是为市场提供服务。土地制度有效保障了美国住房供给充足且价格较低。目前，美国房价收入比低于10，在国际对比中明显偏低。新加坡虽然国土面积小，人口密度大，但是政府对稀缺土地资源进行集约化运作，土地利用效率极高。政府对土地进行规划，并定期调整，保障各功能区用地合理。此外，政府不依赖土地财政，以低价将土地出让给建屋发展局，保障组屋建设量足价廉。

6. 租购并举和保障房建设是有效调控方式

租购并重，推动租赁市场规范发展是解决住房问题的有效方式。住房保障政策作为一项重要的社会福利政策，有利于保障中低收入家庭的居住需求。从国际经验看，政府可以通过直接或者间接方式参与保障房项目。前者的情况下，政府是保障房建设的主体，如新加坡的公共组屋、中国香港的公屋和居屋等；而后者的情况下，政府并不直接建设，而是提供税收优惠以鼓励居民购买或租赁房屋，并支持非政府机构建设住房。

总体而言，欧美和亚洲国家的保障房建设都呈现出从直接模式向间接模式转变的过程。在第二次世界大战后的早期，各国政府往往是以直接模式，通过大规模公共住房建设，满足居民住房需求。以德国为例，第二次世界大战以后大量住房受损，德国政府实施“住房统制经济”，通过政府分配住房有效保障了居民最基本的居住需求。同样面对第二次世界大战后出现严重的房荒问题，英国政府于1946—1979年累计建成514万套提供给居民居住，占同期新完工住房总量的一半以上。

但随着市场化的深入和居民收入水平的提高，单一的政府主导住房市场模式已经难以适应住房的多样化需求，各国政府逐渐转向市场化模式，通过间接提供税收优惠等方式提供住房保障。例如，英国约在1979年基本解决了住房短缺问题，此后开始推行住房制度改革，政府逐渐退出住房供给的直接角色，并引入住房协会等机构提供保障房。2016年英国房屋产权分布中，地方政府出租住房占7%，住房协会出租住房占10%。新加坡的住房市场虽然一直以政府为主导，但目前来看，新加坡政府也开始鼓励私人住宅市场发展，逐步形成“廉租房—廉价组屋—改善型组屋—私人住宅”的阶梯化住房供应体系。

五　中国房地产市场调控模型探索与政策效应分析

21世纪以来，中国房地产市场的快速发展逐渐引发了社会舆论的广泛关注和宏观调控政策的持续跟进。一方面，高房价增加了居民的生活成本和企业的经营成本，长此以往不利于民生稳定以及实体经济发展；另一方面，房地产市场与国内金融市场息息相关，房地产泡沫膨胀容易引发系统性金融风险，不利于宏观经济形势的总体稳定。因此，房地产市场素有“政策市”之称，一直是中国宏观经济调控的重点领域。在过去的二十年间，各有关部门频繁出台调控政策对房地产市场进行干预，制定政策主体范围广且政策类型多样，一定程度上对房地产市场预期产生了积极影响。

（一）调控的目标、原则与基本框架

房地产市场具有“牵一发而动全身”的特点，涉及土地、人口、金融、财税等诸多方面。因此，房地产市场调控的目标、原则与基本框架，需要建立在尊重房地产市场运行规律、完善房地产市场长效机制、丰富房地产调控政策手段等基础之上。

1. 房地产市场调控的总体目标

党的十九大报告明确提出，要“坚持房子是用来住的、不是用来炒的定位，加快建立多主体供给、多渠道保障、租购并举的住房制度，让全体人民住有所居”。在“房住不炒”和“住有所居”的总基调下，房地产市场调控的总体目标应该包括三个方面内容：一是保障刚需和改善型需求为主的自住需求，二是抑制投资投机型购房需求，三是完善租购并举的住房制度，加快形成促进房地产市场平稳健康发展的规范化、系统性、长效性的激励约束机制。

2. 房地产市场调控的主要原则

——“房住不炒，稳字当头”。住房对于中国家庭而言具有投资和居住的双重属性，除了自住功能以外，许多家庭也选择将房地产作为主要的资产配置手段和投资渠道。一般而言，投资投机性需求主体在专业知识和对房地产市场的把握判断方面要明显高于其他需求主体，并且在一定程度上能够影响舆论导向和未来市场预期，在同类购房需求群体中具有很强的示范效应，从而不利于房地产市场稳定健康发展。因此，重点抑制投资投机性需求，有效保护刚性需求和改善性需求，坚持稳地价、稳房价、稳预期，一直是中国房地产市场调控的核心任务。

——市场主导、政府参与。根据2013年和2015年中国家庭金融调查，住房平均占到中国家庭资产2/3以上，住房既是价值较大的耐用消费品，也是中国家庭资产配置的主体，必须通过市场配置与政府保障相结合的方式来通盘解决。在长期的住房调控政策实践中，中国实际上充分借鉴了新加坡等发达国家经验，采取了市场主导、政府参与的“两手抓”政策。一方面，通过不断完善住房市场制度，健全住房市场机制，让市场发挥全面、积极和有效的作用，以市场为主体满足多层次的居住需求；另一方面，通过积极完善政府的调控、监管及其保障制度，让市场失灵得到弥补，以政府为主体提供经济适用房、租赁房、共有产权房等基本居住保障。

——租售并举，住有所居。与发达国家和其他金砖国家相比，中国的房价收入比明显偏高，而房租水平明显偏低。为了应对自2003年以来中国住房需求的持续高涨，中央和各级地方政府事实上采取了以增量调控为主的调控方式。这种调控管理思路在过去十多年来供需不平衡时期发挥了积极作用，大量新增住房在一定程度上满足了居高不下的住房刚性需求。但是，随着中国近年来住房供给的持续增加，住房市场结构已经演变为巨大存量与有限增量的组合。在当前形势下，仍然坚持以增量为主的调控方式已不适应市场化需求，应保证在一定增量供给的前提下积极盘活二手房市场和租赁市场的存量。因此，中国房地产市场调控思路在逐渐从“一步到位”转向“阶梯过渡”，从“以售为主”转向“租售并举”，从“居者有其屋”向“居者居其屋”转变。

——因城施策，分类调控。中国当前的人口流动形势不仅体现为从农村到城市的迁移，由小城市和城镇向大中城市的空间集聚也是一个主要特征。城镇化的新态势引发了不同等级的城市出现不同的市场特点，中国住房市场的区域分化现象也愈演愈烈。因此，城市房地产市场调控的力度和方式也有所差异。一方面，住房制度框架和基本政策大体上保持全国统一；另一方面，住房具体制度、细化政策呈现出城市和区域之间的差异。总体上实行了“控一线、稳二线、盘活三四线”的差异化分类调控政策，一定程度上遏制了房地产市场的结构性过剩与结构性短缺并存的现象。

3. 房地产市场调控的基本框架

中国房地产市场调控的基本框架主要建立在市场监测、制定政策、落实调控、结果反馈等环节。首先由中央政府根据市场监测运行情况，统筹确定房地产调控基调、调控方向，相关职能部委对“钱”等调控中的监管权责进行分解落实，其次由地方政府及主管部门按照“领导负责、部门分工”的工作机制，担负起房地产调控的主体责任。具体而言，央地房地产市场调控的基本框架可以分为两个部分。

一是中央奠定调控基调，多部门多工具具体执行。在现实中，每年全国两会及政府工作报告、国务院常务会议以及中央经济工作会议都是行业关注的焦点，因为中央会议以及文件往往涉及房地产市场的调控目标、调控方向，为楼市的发展奠定基调。而具体的调控措施由各部委负责执行，如央行、财政部、住建部等。不同的政策制定主体的调控工具不同，如货币政策往往通过调整贷款利率、首付比例、银行存款准备金率对市场进行调控；财政政策则通过税收调整、税费优惠等政策；行政政策包括限购、限售，以及近年各地为吸引人才制定的人才落户计划等。政策类型可以划分为两大类，一方面包括财政、税收、金融政策等的市场化调控手段；另一方面以土地供应、限购、限贷、限价、限售等为主的行政措施。

二是中央与地方政府共同调控房地产市场，中央政府主要承担监督责任，地方政府担负调控的主体责任。2014 年以前，全国房地产市场大多采用统一的调控政策，由于各区域房地产市场情况不同，“一刀切”的调控政策针对性不强，调控效果没有达到预期目标。其次，中央政府以及地方政府之间可能存在博弈。在财政分权和官员考核制度的背景下，地方政府既是政策具体执行者，同时更是利益相关者。房地产可以直接给地方政府带来交易税、契税、土地使用税等各项税收收入，也可以带来巨额的土地出让金，房地产相关行业的收入成为地方财政的主要来源。因此当中央政府要求遏制房价上涨的同时，地方政府面临土地财政减少的风险。另外，房地产行业涉及产业链广，房地产投资带动其他行业发展，同时能吸收大量劳动力，给地方经济带来巨大贡献。因此常出现地方政府官员促进房地产投资来带动地区经济发展，帮助其实现良好政绩表现。目前，在各城市房价分化背景下，“因城施策、一城一策”逐渐成为调控的新思路，从总体布局来看，因城施策落实地方政府的主体责任，同时根据当地情况对调控政策内容进行补调、适调、升级、细化和退出。

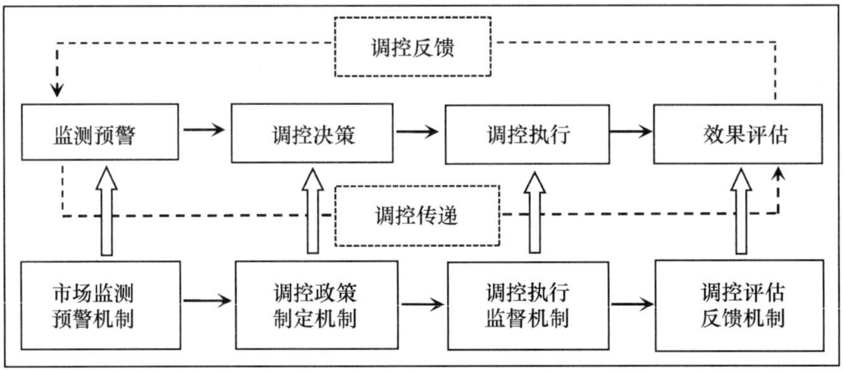

图5－1 “因城施策”调控示意图

（二）房地产市场的主要监测指标

房地产市场具有资金密集、投资周期长与涉及产业链长等特点，房价的持续上涨易导致市场风险的集聚，进而引发系统性金融风险。目前，防范和化解房地产市场风险是政府调控的重点，而有效地对市场风险进行监测预警是加强风险预判与管控的重要前提。

1. 国房景气指数

国房景气指数是根据经济周期波动理论和景气指数原理，采用合成指数的计算方法，选取如房地产开发投资分类指数等8个具有代表性的统计指标进行测算得出的。指数从土地、资金、开发量、市场需求等角度反映全国房地产市场的基本运行状况，该指数越大，表明房地产市场越景气。图 5－2 为中国 2000—2020 年各月的国房景气指数走势，在 2003 年房地产业成为国民经济支柱产业、2009 年政府出台经济刺激计划后以及 2015 年政府提出化解房地产库存时，景气指数呈显著上升态势，表明市场预期越来越景气。

图 5－2 国房景气指数

资料来源：Wind 数据库。

2. 房地产开发投资完成额/全社会固定资产投资完成额

该指标反映了社会固定资产投资结构中，房地产投资所占的比例大小。图 5－3 为中国 2000—2019 年全国各年房地产开发投资完成额占全社会固定资产投资完成额的比例变化，可以看出，房地产投资在全社会固定资产投资中一直占据较大比例，房地产市场是促进中国经济发展的重要驱动力。

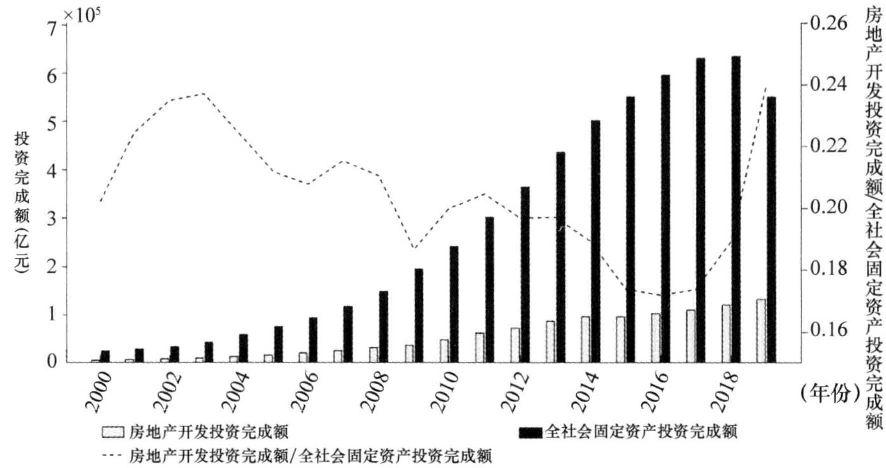

图 5－3 房地产开发投资完成额/全社会固定资产投资完成额

资料来源：Wind 数据库。

3. 预期房价与购房意愿

城镇储户问卷调查是中国人民银行 1999 年起建立的一项季度调查制度，每季在全国 50 个（大、中、小）调查城市、400 个银行网点各随机抽取 50 名储户，全国共 20000 名储户作为调查对象。调查内容包括储户对经济运行的总体判断、储蓄及负债情况、消费情况、储户基本情况四个方面。其中，关于预期房价和购房意愿的调查数据一度被视为房地产市场走向的微观信号。

表 5－1 2015 年以来全国储户房价预期与购房意愿 （单位：%）

时间	预期房价				未来 3 个月准备买房
	上涨	基本不变	下降	看不准	
2015 年第 1 季度	15.6	52.9	17.8	13.7	13.8

续表

时间	预期房价				未来3个月准备买房
	上涨	基本不变	下降	看不准	
2015年第2季度	18.2	53.9	14.6	13.4	14.7
2015年第3季度	18.7	53.3	14.4	13.6	13.8
2015年第4季度	18.4	52.7	15.2	13.7	14.7
2016年第1季度	17.6	52.1	16.1	14.2	13.6
2016年第2季度	21.1	51.8	12.4	14.7	15.1
2016年第3季度	23.1	52.2	11.9	12.8	16.3
2016年第4季度	26.9	50.1	10.0	13.0	20.1
2017年第1季度	27.2	49.6	10.6	12.6	22.9
2017年第2季度	31.2	46.1	9.6	13.1	23.1
2017年第3季度	31.8	46.1	10.3	11.8	22.5
2017年第4季度	32.0	48.0	9.3	10.7	23.2
2018年第1季度	31.4	48.2	9.9	10.5	22.9
2018年第2季度	36.5	44.7	8.5	10.3	23.0
2018年第3季度	33.7	45.9	9.6	10.8	22.5
2018年第4季度	27.4	49.6	11.8	11.1	21.9
2019年第1季度	25.8	52.7	10.5	11.0	21.5
2019年第2季度	28.2	50.8	9.8	11.3	21.0
2019年第3季度	29.3	50.3	9.8	10.6	21.5
2019年第4季度	26.5	51.5	11.1	10.9	20.7
2020年第1季度	23.0	48.0	15.9	13.1	19.2
2020年第2季度	22.8	51.2	13.2	12.8	19.7
2020年第3季度	25.1	51.2	11.0	12.7	20.1

资料来源：根据2015年第1季度至2020年第3季度中国人民银行《全国城镇储户问卷调查综述》中的相关数据整理。

4. 房价增长率与房价收入比

自1998年住房市场化改革以来，由于经济的高速发展以及城镇化的快速推进，加上一系列人口结构和政策因素，导致了2003年以来中国住房需求的持续高涨。从全国平均来看，2015年住宅平均销售价格较1998年名义增长了2.5倍，剔除通货膨胀因素后的实际增长率也在2倍以上。2000—2015年，中国一线城市商品住宅销售价格涨幅都超过10%。与其他国际大都市进行比较，21世纪以来，中国一线城市的住房价格平均增幅要显著高于伦敦、纽约等国际大都市（郭克莎、黄彦彦，2018）。与此同时，伴随着空间集聚的不断加速，北京、上海、深圳等一线城市房价收入比甚至高达22倍以上，远远超出了普通城市居民的承受能力，并且近年来一线城市的房价收入比仍呈现出持续增加之势。从国际横向对比来看，中国的房价收入比不仅远高于美国、德国、日本等城市化水平较高的发达国家，甚至高于与中国发展阶段类似的发展中国家（如印度尼西亚等）。

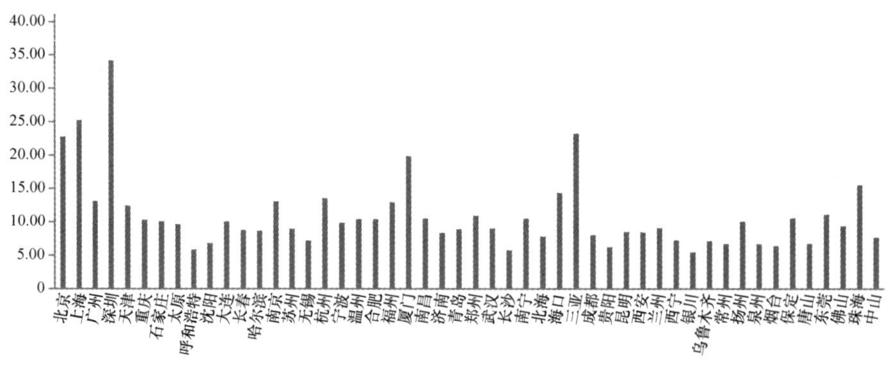

图5-4　2018年中国主要城市房价收入比

资料来源：根据wind数据库相关资料计算整理。

（三）房地产市场调控体系的组织与运行

自从2003年房价开始结构性上涨以来，中央和地方政府针对房地产市场的周期性波动，先后出台多项调控政策来稳定市场预期。从过去近二十年的房地产调控历程可以发现，针对各阶段出现的不同市场形势，中国房地产市场调控体系的组织与运行呈现出不同特点。

1. 中国房地产调控政策的演变历程

中国房地产调控历程大致可以分为五个阶段：第一阶段，2004—2007年。针对2003年开始的房价过快上涨，政府频繁出台抑制政策。第二阶段，2008—2009年。次贷危机爆发后，政府的调控态度从抑制转变为促进房地产市场消费。第三阶段，2010—2013年。受救市政策的刺激，2009年国内房价暴涨，政府重新收紧对房地产市场的调控。第四阶段，2014—2015年。由于2013—2014年房价经历了下行调整，政府于2014年9月开始刺激房地产市场，并于2015年提出化解房地产库存。第五阶段，2016年至今。由于2016年9月底至10月，一线城市和部分二线城市房价快速上涨，部分城市重启限购限贷政策，调控态度又趋向收紧，总体基调一直延续至今。

阶段一：2003—2007 年，面对房地产市场出现的过热苗头，政府先后从住房信贷、税收管理、土地供应、金融政策等多方面出台政策以稳定住房价格。2003 年 6 月，央行出台“121 文件”，对房地产开发贷款、个人住房贷款等做出了严格的规定。2004 年 3 月，国土资源部与监察部联合下发了《关于继续开展经营性土地使用权招标拍卖挂牌出让情况执法监察工作的通知》，要求从 2004 年 8 月 31 日起，所有经营性项目用地一律公开竞价出让，各地不得再以历史遗留问题为由进行协议出让。2005 年 3 月，国务院以通知的形式下发“国八条”，要求各级政府重视房价上涨过快这一现象；同年 4 月，国务院常务会议提出“新国八条”，提出具体措施加强对房地产市场的引导与调控，进一步给楼市降温；2005 年 6 月 1 日起，个人将不足 2 年的住房销售，全额征收营业税。2006 年 5 月，国务院出台“国六条”和“九部委十五条”，从调整住房供应机构、发挥税收、信贷、土地政策等多方面对房地产业进行调控。2007 年一年内央行六次加息，十次上调存款准备金率。

阶段二：2008 年美国次贷危机爆发，引发全球金融危机。为稳定经济增长，国家在 2008 年下半年出台一系列救市措施，如加大保障性住房建设力度、购房税收优惠政策和加大住房销售信贷支持力度等，直接刺激了房地产行业的快速发展与房价的快速上涨。2009 年 12 月，国务院常务会议针对房地产市场出台“国四条”，明确表态继续综合运用土地、金融、税收等手段来遏制房价过快上涨。

阶段三：2010 年 1 月国务院下发“国十一条”，4 月推出“新国十条”，提出实行更为严格的差别化住房信贷政策。2010 年 4 月，北京首次提出限购令，区域性限购政策在几年内快速推广至全国多个地区，成为楼市调控的主要手段之一。2011—2014 年调控政策不断收紧，政府明确房地产调控以遏制房价上涨、加大保障房建设以及增加普通商品住房供给为主要目标，房价过快上涨的势头得到暂时遏制。

阶段四：自 2014 年开始，中国总体经济面临下行压力，进入“新常态”发展阶段。2014 年大部分实行限购的城市取消限购政策，9 月 30 日，中国人民银行、原中国银行业监督管理委员会发布《关于进一步做好住房金融服务工作的通知》，二套房认定标准由“认房又认贷”调整为“认贷不认房”。2015 年 3 月 30 日，央行、住建部以及银监会联合发文，规定二套房首付比例降至四成，个人转让住房营业税免征限期由 5 年恢复至 2 年。2015 年 12 月，中央经济工作会议提出化解房地产库存，倡导为去库存提供金融支持。在此背景下，一二线城市房价开始新一轮的快速上涨，三四线城市房价稳定，房价分化现象明显。

阶段五：2016 年 10 月，北京、深圳、广州等城市发布新楼市调控政策，多地重启限购限贷政策。2016 年 12 月，中央经济工作会议提出“房住不炒”。2017 年，政府提出加快建立和完善促进房地产市场平稳健康发展的长效机制。2018 年至今，关于房地产市场调控的政策方向逐渐明朗，政府多次提及“稳地价、稳房价、稳预期”，坚持租购并举、因城施策、一城一策，释放出宽松和收紧并存的信号。

2. 中国房地产市场调控体系的运行周期变化

调控态度发生转变的背后，亦是政府调控目标在不同时期的转化。从 2003—2008 年的防止市场过热、抑制房价过快上涨，到 2009 年鼓励房地产市场发展以稳定宏观经济，2010—2013 年稳定住房价格、遏制投资投机性购房，2016 年至今的房住不炒、“稳房价、稳地价、稳预期”以及构建房地产市场健康发展长效机制等，大多是出于对所在阶段房地产市场形势的“相机抉择”。

表 5－2　2003—2020 年《政府工作报告》有关房地产市场调控的相关表述

年份	《政府工作报告》有关房地产市场调控的相关表述
2003	对一些地方房地产投资增长过猛、高档房地产开发过多的现象，应引起高度警惕，避免盲目开发带来的风险和损失

续表

年份	《政府工作报告》有关房地产市场调控的相关表述
2005	重点抑制生产资料价格和房地产价格过快上涨
2006	继续解决部分城市房地产投资规模过大和房价上涨过快的问题。着力调整住房供应结构，建立健全廉租房制度和住房租赁制度
2007	正确运用政府调控和市场机制两个手段，保持房地产投资合理规模，优化商品房供应结构，加强房价监管和调控，抑制房地产价格过快上涨，保持合理的价格水平
2008	合理调整城市土地供给结构，增加中小套型住房用地。综合运用税收、信贷、土地等手段，增加住房有效供给，抑制不合理需求，防止房价过快上涨
2009	促进房地产市场稳定健康发展。采取更加积极有效的政策措施，稳定市场信心和预期，稳定房地产投资，推动房地产业平稳有序发展。落实好支持居民购买自住性和改善性住房的信贷、税收和其他政策
2010	坚决遏制部分城市房价过快上涨势头。继续大规模实施保障性安居工程。抑制投机性购房。加大差别化信贷、税收政策执行力度
2011	稳定房地产市场价格，满足居民合理住房需求。扩大保障性住房建设规模。坚决遏制部分城市房价过快上涨势头。严格落实差别化住房信贷、税收政策，调整完善房地产相关税收政策，加强税收征管，有效遏制投机、投资性购房。建立健全考核问责机制
2012	严格执行并逐步完善抑制投机、投资性需求的政策措施，进一步巩固调控成果，促进房价合理回归。继续推进保障性安居工程建设增加普通商品住房供给。改革房地产税收制度
2013	坚决抑制投机、投资性需求，抓紧完善稳定房价工作责任制和房地产市场调控政策体系，健全房地产市场稳定健康发展长效机制
2014	针对不同城市情况分类调控，增加中小套型商品房和共有产权住房供应，抑制投机、投资性需求，促进房地产市场持续健康发展
2015	坚持分类指导，因地施策，落实地方政府主体责任
2016	一是全面实施营改增，从5月1日起，将试点范围扩大到建筑业、房地产业、金融业、生活服务业。完善支持居民住房合理消费的税收、信贷政策，适应住房刚性需求和改善性需求，因城施策化解房地产库存，促进房地产市场平稳运行
2017	因城施策去库存。坚持住房的居住属性，落实地方政府主体责任，加快建立和完善促进房地产市场平稳健康发展的长效机制，健全购租并举的住房制度，以市场为主满足多层次需求，以政府为主提供基本保障

续表

年份	《政府工作报告》有关房地产市场调控的相关表述
2018	健全地方税体系，稳妥推进房地产税立法。坚持房子是用来住的、不是用来炒的定位，落实地方主体责任，继续实行差别化调控，建立健全长效机制，促进房地产市场平稳健康发展。支持居民自住购房需求，培育住房租赁市场，发展共有产权住房。加快建立多主体供给、多渠道保障、租购并举的住房制度
2019	更好解决群众住房问题，落实城市主体责任，改革完善住房市场体系和保障体系，促进房地产市场平稳健康发展。健全地方税体系，稳步推进房地产税立法
2020	坚持房子是用来住的、不是用来炒的定位，因城施策，促进房地产市场平稳健康发展

（四）房地产调控模型构建与政策效应分析

本部分利用文本分析法对中央和地方一系列调控思路和政策工具进行梳理。同时考虑电子数据库中报纸来源的数据可得性、报纸的权威性、综合性和专业性，最终选取《人民日报》《经济日报》《21 世纪经济报道》《经济观察报》《中国经营报》和《第一财经日报》为文本分析报纸来源，建立合适的搜索逻辑以及计算指数，构建了总体的中国房地产政策不确定性指数以及分类指数，分别关注货币政策、财政政策、宏观审慎政策以及行政政策四个方面，从而科学测度房地产调控的政策效果。

1. 房地产调控政策的模型框架

通过梳理近二十年的房地产调控历程，可以将中国房地产调控政策划分为货币政策、财政政策、宏观审慎政策、行政政策、土地政策和住房保障政策几大类型。根据文本分析和人工审计结果，可以发现涉及货币政策的约占45%，涉及财政政策的约占24%，涉及宏观审慎政策的约占19%，涉及行政政策的约占18%，涉及土地政策和住房保障政策的分别约占11%和10%。考虑到财政政策中政府税收收入与土地政策中土地供应、土地出让金等联系较密切，因此在政策效应评估中将土地政策的讨论纳入财政政策中。同样考虑到实施保障性安居工程是中央和地方政府的重要

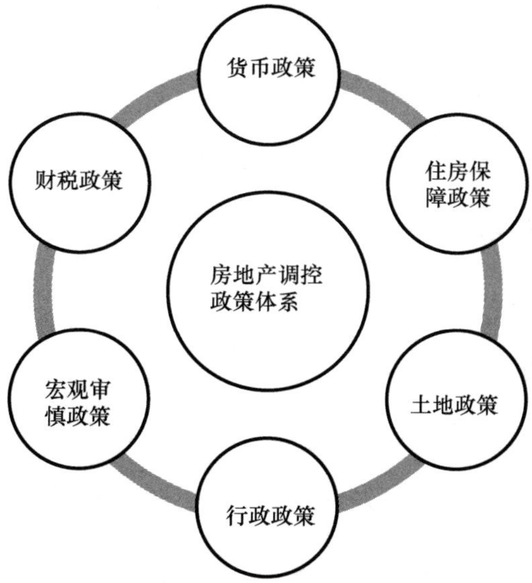

图5－5 房地产调控政策的模型框架

政策部署，与政府行为的联系较为密切，因此在行政政策的检索逻辑中，将住房保障政策纳入行政政策的讨论中。

（1）货币政策

2001—2018 年，国内贷款基准利率累计调整 28 次，存款准备金率累计调整 48 次。其中，在 2007—2008 年上半年央行连续加息、上调存款准备金率、2008 年下半年央行降准降息、2010—2011 年接连上调利率和存款准备金率、2015—2016 年连续降准降息等时期，政策变动对房地产舆论预期均产生了显著影响。

（2）财政政策

2001—2018 年，涉及房地产财政政策较大调整的大约有 14 次。其中，2008 年 6 月国家税务总局规定企业为个人购买房产需征收个人所得税，同年 10 月财政部宣布下调房地产交易环节税率，财政政策调控态度发生转变，对房地产市场舆论预期影响最为明显。

（3）宏观审慎政策

主要包括中国人民银行调整房贷首付比和房贷优惠政策等的调整变化。2001—2018 年，涉及房地产宏观审慎政策较大调整的大约有 16 次。其中，2016 年 2 月，中国人民银行与原银监会印发《关于调整个人住房贷款政策有关问题的通知》，规定非“限购”城市首套房最低首付比为 25%，对房地产市场舆论预期的影响最为明显。

（4）**行政政策**

房地产市场行政政策主要包括中央会议、政府文件和行政条例中有关“限售”“限价”“限购”“保障性住房建设”等关键词。2001—2018 年，涉及房地产市场行政政策较大调整的大约有 24 次之多。其中，2015 年 12 月 18 日中央经济工作会议提出“化解房地产库存、建立购租并举的住房制度”，对房地产市场舆论预期的影响最为明显。

2. 房地产调控政策的效应分析

图 5－5 至图 5－7 分别反映了房地产开发投资增长率、房地产销售面积增长率和房地产销售价格增长率对各分类调控政策的响应程度。从模型分析结果可以看出，房地产开发投资增长率、房地产销售面积增长率对于各分类调控政策的响应程度均显著为负，而房地产销售价格增长率对各分类调控政策的响应程度则并不明显。主要原因在于一个区域的房价水平与该区域的人口结构、供地结构、经济社会发展水平、基础设施和公共服务配套、货币和信贷政策等密切相关，其决定因素是综合性的。短期内房地产调控政策对房价的影响作用有限，所以会出现一段时期“十年九调、越调越高”的局面。

但不可否认的是，货币政策、财政政策、宏观审慎政策和行政政策对房地产开发投资增长率、房地产销售面积增长率的调控效果均十分明显。其中，房地产开发投资增长率和房地产销售面积增长率对财政政策的响应程度最高，分别达到 -0.14% 和 -0.33%，年化影响分别约为 -1.67% 和 -3.89%。总体来看，财政政策的分类调控效果要高于货币政策、宏观审慎政策和行政政策。在房地产市场的长效机制建设未完成的情形下，以货币政策、财政政策、宏观审慎政策和行政政策为基础的调控工具在短期内仍然具有一定的效果。

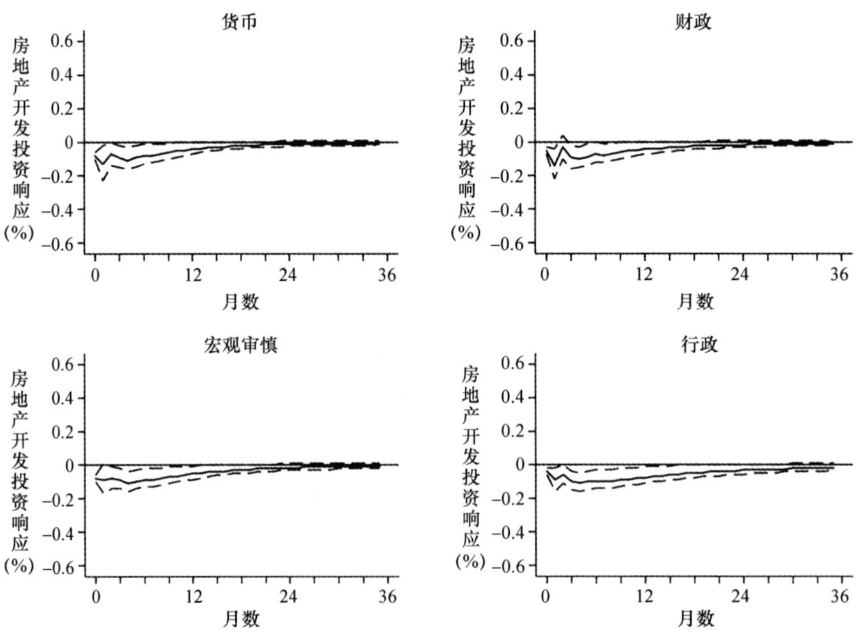

图 5-6　房地产开发投资增长率对各分类调控政策的响应程度

资料来源：根据 Wind 数据库和报纸文本分析数据计算整理。

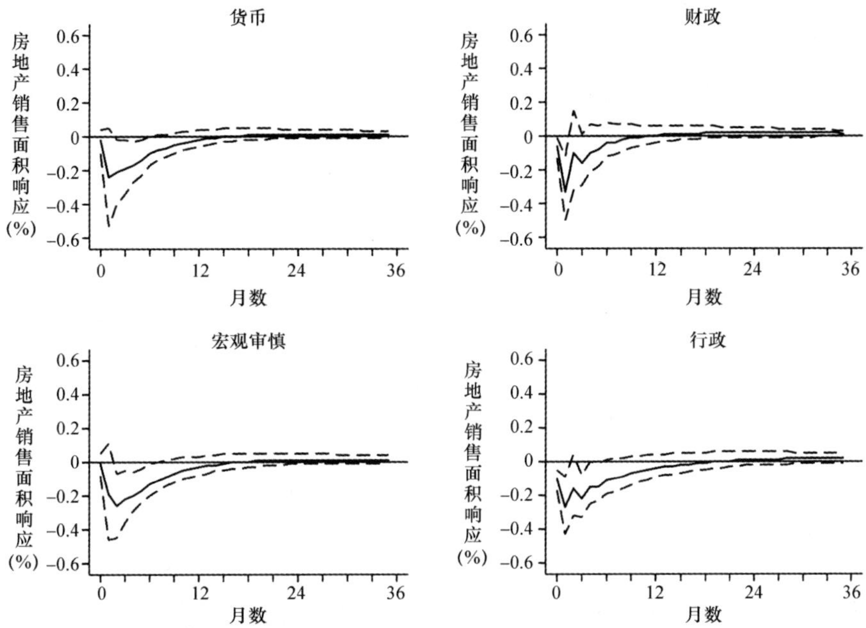

图 5-7　房地产销售面积增长率对各分类调控政策的响应程度

资料来源：根据 Wind 数据库和报纸文本分析数据计算整理。

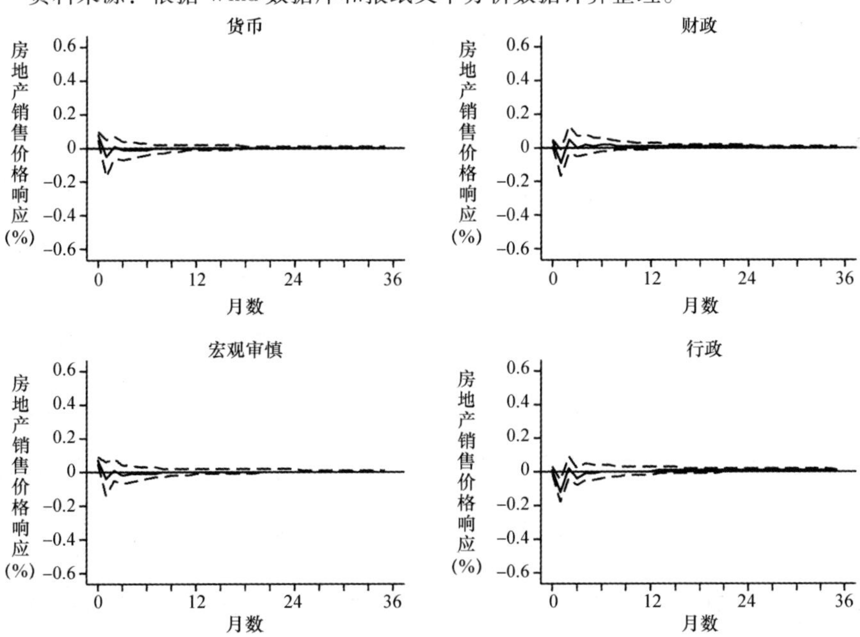

图 5-8　房地产销售价格增长率对各分类调控政策的响应程度

资料来源：根据 Wind 数据库和报纸文本分析数据计算整理。

（五）未来中国房地产市场的总体走势判断

2021年以来，新冠肺炎疫情对世界经济和中国经济形成了巨大冲击，其后续演变和对房地产市场影响的程度、范围仍有很大不确定性。在房地产市场短期调控与长效机制建设并重的大背景下，住房的自住属性和“稳地价、稳房价、稳预期”的政策基调将会得到进一步强化。基于房地产市场的相关影响因素，本节将对未来的市场走势进行分析研判。

1. 情景设定

本节基于李超等（2015）的模型设定，选取常住人口数量（population）、流动人口数量（migrant）、人力资本（h_ capital）、人均可支配收入（income）、人口抚养比（raise）、新增住宅用地面积（land）、住宅投资（invest）和现有住房满意度（e_ house）作为影响房地产市场运行的主要变量因素，对未来中国房地产市场的总体走势进行分析判断和前景预测。共分为四种情形进行模拟：第一，低城市化率和低人口抚养比；第二，低城市化率和高人口抚养比；第三，高城市化率和低人口抚养比；第四，高城市化率和高人口抚养比。

关于未来的城市化推进速度，《中共中央关于制定国民经济和社会发展第十四个五年规划和二〇三五年远景目标的建议》中提出，重点要“推进以人为核心的新型城镇化”和“推进以县城为重要载体的城镇化建设”。可以预期的是，改革开放以来中国这一波史无前例的城市化加速进程并没有停止。本节综合中国城市化发展的现状和相关机构的预测，将联合国经济和社会事务部《世界人口展望：2010 年修订版》的城市化图景作为基本参照。[①] 人口抚养比的上下限同样根据《世界人口展望：2010 年修订版》中的高抚养比和低抚养比情形而定，由于本节的人口抚养比估算方法与其存在些许不同，故而根据其相对增速采用回归法进行折算。其他影响因素的情景设定如下：一，大专以上文化程度人口比例。根据教育部《全面提高高等教育质量的若干意见》，公办普通高校招生规模将保持相对稳定，为此设定 2030 年前大专以上文化程度人口比例年均增速为 5%；二，人均可支配收入。根据世行报告《2030 年的中国：建设现代、和谐、有创造力的高收入社会》，人均可支配收入增长率采用 GDP 潜在增

① 城市化率主要表现为城市常住人口比例的变化，但由于户籍等多种客观因素的影响，流动人口与常住人口的增速基本保持同步，这与现阶段的情况是吻合的。因此本节假定预测期内暂住人口增长速度与城市化率一致。

长率减去通货膨胀率进行估算。三，新增住宅用地面积[①]和住房满意度我们根据统计年度的平均变化趋势来设定参数值；四，住宅投资采用灰色模型预估并根据世行报告投资率的回落幅度进行平减。情景设定详见表 5－3 所示。

2. 模拟预测

在上述情景假定下，未来中国房地产市场总体呈现出“上升—平稳—下降”的倒“U 型”趋势（如图 5－8 所示），拐点大致出现在 2020—2025 年，届时中国城市的住房需求将不再具备快速增加的条件，而住房供给量也会相应做出调整。2025 年后，四种情景模拟状态均显示出中国城市住房需求将会呈现总体下降的局面。其中，“高城市化率、低人口抚养比”和“低城市化率、高人口抚养比”情形分别对应市场高位和低位水平。根据世行报告显示，当前中国的劳动年龄人口占比已经达到历史的峰值水平，之后会进入一个长期下降的时期，未来中国的老年抚养比将会持续上升。也就是说，未来中国住房市场极有可能按照“高城市化率、高人口抚养比”的情形变化。根据国际经验，人口抚养比

① 根据国土资源部《关于做好 2012 年房地产用地管理和调控重点工作的通知》，今后一个相当长的时期内中国土地供应政策的基调不变，住房用地供应计划总量原则上不低于过去五年年均实际供应量。

表 5 - 3　**未来中国房地产市场变化的相关情景设定**

情景	年份	population	migrant	h_ capital	income	land	invest	e_ house	raise
高城市化率、低人口抚养比	2015	1.506	0.350	10.559	2.289	3.889	1.622	3.592	6.649
	2020	1.588	0.369	13.476	2.745	4.782	3.029	3.887	6.800
	2025	1.657	0.385	17.199	3.121	5.674	3.444	4.206	6.725
	2030	1.712	0.398	21.951	3.396	6.567	3.747	4.552	7.184
低城市化率、低人口抚养比	2015	1.423	0.330	10.559	2.289	3.889	1.622	3.592	6.649
	2020	1.488	0.346	13.476	2.745	4.782	3.029	3.887	6.800
	2025	1.556	0.361	17.199	3.121	5.674	3.444	4.206	6.725
	2030	1.628	0.378	21.951	3.396	6.567	3.747	4.552	7.184
高城市化率、高人口抚养比	2015	1.506	0.350	10.559	2.289	3.889	1.622	3.592	7.112
	2020	1.588	0.369	13.476	2.745	4.782	3.029	3.887	7.973
	2025	1.657	0.385	17.199	3.121	5.674	3.444	4.206	8.743
	2030	1.712	0.398	21.951	3.396	6.567	3.747	4.552	9.330
低城市化率、高人口抚养比	2015	1.423	0.330	10.559	2.289	3.889	1.622	3.592	7.112
	2020	1.488	0.346	13.476	2.745	4.782	3.029	3.887	7.973
	2025	1.556	0.361	17.199	3.121	5.674	3.444	4.206	8.743
	2030	1.628	0.378	21.951	3.396	6.567	3.747	4.552	9.330

资料来源：联合国经济和社会事务部《世界人口展望：2010 年修订版》、世行报告《2030 年的中国：建设现代、和谐、有创造力的高收入社会》，以及相关年份《中国城市统计年鉴》《中国城市建设统计年鉴》和《中国区域经济统计年鉴》。

的长期上升趋势将会一定程度上降低住房刚性需求，但由于高城市化率所带来的部分改善性需求，将会适度延缓城市总体住房需求的下降幅度。

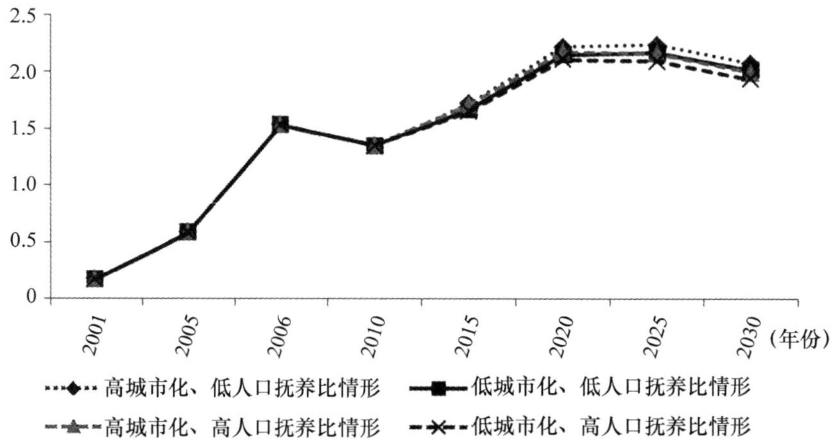

图 5－8　中国房地产市场总体走势的情景模拟

注：横轴为年份，纵轴为标准化处理后的房地产市场销售额。图为课题组根据表 5－2 相关资料数据整理绘制。

3. 未来走势研判

综合人口结构、市场周期、前期需求释放的多重影响，预计未来中国房地产市场将会保持总体回调、平稳运行、局部分化的总体走势，但出现持续震荡、大幅下跌的概率较小。一方面，调控政策的力度和范围将保持延续性，对投资、投机性需求和市场预期将会起到有效抑制的效果。特别是《中共中央关于制定国民经济和社会发展第十四个五年规划和二〇三五年远景目标的建议》提出，“坚持房子是用来住的、不是用来炒的定位，租购并举、因城施策，促进房地产市场平稳健康发展”，进一步凸显了中央坚持调控不放松的坚强决心。另一方面，由于中国目前劳动年龄人口仍将维持高位，新型城镇化和城市更新政策仍将继续推进，未来中国房地产市场还有进一步的释放空间。

（1）受调控政策影响，投资、投机性需求将会得到重点抑制

近两年来中国限购、限贷、限价、限售政策保持延续，从市场表现来看一定程度上抑制了投资、投机性需求。但从中国人民银行《全国储户问卷调查报告》显示，市场主体对于楼市的长期稳定或下行预期并没有完全达成共识，市场观望情绪仍十分浓厚。只要这种预期不发生变化，很难从根本上全面遏制投资、投机性需求死灰复燃。未来一段时间内，投资、投机性需求有可能将目光由限购区域转向未限购区域，由调控物业类型转向未调控物业类型。因此，未来投资、投机性需求在政策调控的影响下将会出现短期回落、市场预期缓慢调整，而长期持续的回落将取决于稳健的货币政策、实体经济的恢复、投资渠道的通畅以及房地产市场长效机制建设。

（2）刚性需求将总体回调，城市之间分化明显

从长期来看，未来中国人口年龄结构将呈现出老年人口比例持续升高、中青年人口比例持续下降的局面，人口刚性需求对住房市场的支撑力度将会逐步减弱。此外，由于住房刚性需求在近几年来的调控政策下已经得到很大程度地释放，中国当前城镇家庭的住房自有率和人均住房面积已经接近或超过许多发达国家水平。受市场供需结构的影响，个别城市可能会出台相关刚性需求的差异化保护政策，部分开发商出于资金链压力不排除推出一系列降价促销手段，持续观望的刚性需求群体有望实现需求的梯度平稳释放。

（3）改善性需求将成为支撑市场走势的稳定载体

改善性需求群体由于买房的迫切性要低于刚性需求群体，其金融杠杆率一般要低于投资性需求群体。所以在近两年需求释放的过程中，改善性需求一定程度上受到了投资、投机性需求以及刚性需求的挤占，由此带来部分城市中小户型住宅销售状况要好于大户型住宅的市场表现。从中长期来看，由于现有购房年龄人口中处于改善性需求群体的年龄段比例较高，“全面两孩”政策的滞后影响开始显现，存量住房的房屋质量和舒适度有很大提升空间。考虑到“全面两孩”政策的实施，将使未来住房需求以三居室或四居室为主。此外，随着城镇化和城市空间范围的拓展，职住不平衡问题也逐渐凸显，追求更好的区位条件和环境质量成为当前改善性需求的重要内容。综合人口结构和市场周期来看，未来一段时期内改善性需求释放将会逐步止跌回暖，成为未来中国住房需求结构的主体以及支撑市场走势的稳定载体。

（4）存量房市场将会进一步盘活

随着中国近年来住房供给的持续增加，住房市场结构已经演变为巨大存量与有限增量的组合，住房的总量供给不足矛盾已经得到基本解决，但是存量住房分配的不平衡现象却开始凸显。在当前形势下，仍然坚持以增量为主的调控方式已不适应市场化需求，应保证在一定增量供给的前提下去积极盘活二手房市场和租赁市场的存量，以防止总量供给过剩而区域结构失调的现象发生。此外，针对部分住宅需求缺口较大而办公楼商铺存量过剩的城市或将面临房地产开发结构的调整。至 2030 年，中国租赁人口将达 2.7 亿，整体市场规模将达 4.2 万亿元，规模将是目前的 4 倍以上①。而目前中国住房租赁人口只占 11.6%，远低于发达国家和地区租赁市场约 30% 的比例标准。随着城镇化率的逐年攀升、重点城市房价的持续高位运行以及政策层面对租赁市场的鼓励，中国未来住房租赁人口比例将会有所增加。综合来看，在二手房市场和租赁市场的健康发展方面，将会有一个较好的政策预期。

① 转引自《住房租赁市场规模有望超 4 万亿元，一二线城市成“主战场”》，《证券日报》2017 年 10 月 18 日，https://www.thepaper.cn/newsDetail_forward_1829592。

六　完善中国房地产市场调控体系的政策建议

房地产是关系国计民生的重要部门，具有“牵一发而动全身”的行业特点。由于中国房地产市场对金融业具有较高依赖性，房地产市场的剧烈波动风险就更加容易转化为银行信贷风险，从而使宏观经济形势面临潜在的泡沫隐患。通过与世界主要国家和地区房地产调控经验的比较，可以发现未来中国房地产调控模式仍有进一步优化调整的空间。

（一）构建房地产市场调控的总体框架

建立完善房地产市场调控的总体框架，包括进一步加强房地产市场监测预警、政策贯彻落实、调控监督管理、效果评估反馈等相关环节，加快完善房地产市场法律法规体系，稳步推进房屋网签备案系统和统计信息体系建设，明晰中央政府监督责任和地方政府主体责任，加快构建完善房地产市场长效机制，按照差异化原则推进因城施策和分类调控。

1. 加快完善房地产市场法律法规体系

完备的住房法律法规体系是建立房地产市场调控总体框架的基础。从世界各主要国家和地区的经验来看，凡是住房问题解决得比较好的国家和地区都将房地产法作为基本大法，法律法规体系非常健全，法律执行效力相对较强。而中国虽然已经形成了以《城市房地产管理法》《物权法》《土地管理法》《城乡规划法》和《合同法》为基础，其他法律法规及部门规章为辅助的房地产市场调控法律体系，但不少法律法规原则性较强、缺乏执行细则，并且由于政出多门、部分法律法规之间缺乏协调性，基层部门贯彻执行起来难度较大。建议在现有法律法规框架下，统筹修改和完善现存房地产市场法律法规体系，稳步推进中国房地产市场和住房保障的法制化进程。

2. 推进房屋网签备案系统和统计信息体系建设

房地产调控的一个主要难点就在于如何区分刚性需求，改善性需求以及投资、投机性需求。但从目前来看，中国还相对缺乏住房市场的有效数据和公开透明的市场信息，尤其是微观的市场调查数据。在住房信息系统的建设过程中，也存在来自既得利益者的强大阻力。因此，在逐步推进完善不动产统一登记的同时，要加快推进房屋网签备案系统全国联网，摸清中国住房存量市场的家底，并以此为基础建立一个公开、有效、透明的统计信息体系，从技术上对刚性需求，改善性需求与投资、投机性需求进行有效甄别，从而作为房地产市场精准调控的重要参照。

3. **明晰中央政府监督责任和地方政府主体责任**

由中央研究确立房地产市场的监测指标体系和预警机制，地方结合评估和反馈信息因势利导对调控政策内容进行补调、适调、升级、细化。坚持一城一策、因城施策，赋予地方政府更大的决策权和更丰富的工具箱，承担地方主体责任，中央通过完善市场的监测预警和考核评价机制，实现“稳地价、稳房价、稳预期”的政策目标。根据国际经验和相关研究标准，建议设定房价收入比等总量监测指标和房价环比涨幅等增量监测指标。进一步完善房地产市场日常监测、月度分析、季度评价、年度考核调控机制，将房价收入比高于7的城市纳入常态化监测体系，将房价月度环比涨幅高于1%的城市纳入预警体系，对房价环比涨幅连续高于1%的城市进行季度约谈，将房地产市场运行质量纳入地方政府年度考核指标。

4. 加快完善房地产市场长效机制

按照差异化原则推进因城施策和分类调控，加快构建土地、人口、金融、财税、住房保障等领域长效机制，进一步完善临时应急性、行政性干预措施的退出机制，逐步实现限价、限售、限签等短期调控政策的有序、良性退出。推动房地产市场与产业升级、城镇化和金融稳定协调发展、良性互动，以传统产业转移和户籍改革为突破口，加快三、四线城市和区域内大城市互联互通，打通产业配套协作障碍。深化住房金融制度改革，为房地产市场发展提供长期稳定资金，为中低收入群体提供更多普惠性金融支持，并提高房地产贷款资产流动性。货币信贷等金融政策要继续保持稳定，根据房地产市场最新发展，适时微调房地产抵押率，微观监管机制要严和实，加强对“首付贷”等互联网金融创新产品监管。

（二）建立科学合理的房地产税收体系

1. 房地产税改革目标和原则

第一，以筹集地方收入来源，服务地方发展为目标。从中国现行财政体制看，相比中央政府，地方政府的税收来源相对匮乏，尤其在营改增的背景下，地方政府迫切需要拥有独立而稳定的税收来源化解财政风险。相比土地出让金的方式，房地产税具有受益税的特点，作为地方主体税种，可以为地方政府筹集稳定而持续的财政收入，并有利于提供当地公共产品和公共服务，优化地方治理。

第二，确保市场的公平、公正，并实现区域和大中小城市的协调。中国的房产市场呈现出较为明显的区域性特征，北上广以及一二线城市的房价很高，而除此之外的三线和四线城市房地产市场已经出现供过于求的局面。面对房地产市场的差异性，房地产税的征收要因地制宜，考虑地区差别，给地方政府比较大的自主权，根据地方的情况做出决定。

如在房地产税税率设计上，由于一二线城市的房价明显高于中西部地区和三四线城市的房价，因此宜采用相对更低的税率，由于高房价，即便采用较低的税率，一线城市所缴纳的房地产税仍要明显高于二三线城市和中西部地区。

第三，平衡保有环节和交易环节税负。目前，中国现行的房地产税制重视交易环节而轻视保有环节，保有环节对城市个人住房不征税，而在交易环节不仅种类繁多而且税负较重，这种重交易轻保有的税制设计与财产税普遍征税和税负公平的原则相悖。因此，未来中国房地产税重在优化税制结构，增加持有环节的税负，拓展房地产税的税基，同时，适度降低交易环节的税负，合并相关税种，建立逆周期的房地产税调节机制，按照抑制炒房行为、盘活存量住房的双重目标，进一步增大反复交易环节、多套持有环节的成本，根据市场行情和持有套数确定合理的起征点和差别税率。

2. **房地产税的税制设计**

第一，以房产原值为基础每年征收。房地产税的开征是每年征收，不像现行的土地出让金制度是一次性收取。房地产税是对土地和房屋的保有阶段进行征收，这将鼓励地方政府重视当地房地产建设，改善公共建设，从而提高房地产价值，提高房地产税收入。同时，房地产税的征收有助于使政府向公共服务型转变，有助于鼓励地方政府在进行规划时能从长远角度着眼，使房地产市场健康发展。

第二，以功能和产权为依据划定特殊标准和范围。以产权为依据，房地产税以在征税范围内的房屋产权所有人为纳税人，包括单位、个人和家庭，其中单位是指具有法人资格的单位。无婚姻关系的个人以自然人为纳税人，包括外国人。存在婚姻关系的以家庭为纳税人，不论产权证书上注明的产权人是谁，均以家庭为纳税人。家庭基本单位为配偶及其未成年子女。

第三，实施累计税率征收。房地产税的计税依据可采用以量定率、以价定税的方法，实行累进税率，比如自有首套房屋计税基础为市场评估价格，税率可为0，自有多套计税基础为市场评估价格。具体而言，可以对以家庭为单位，人均居住面积60平方米以下住房，以及以家庭为单位，不论居住面积1套住房进行免征。而对于2套住房的，以及超过人均居住面积60平方米部分，按照住房市场评估价值乘以税率的税额核定征收。在税率设计上，对于2套住房的，以及超过人均居住面积60平方米，部分按照1%—1.5%/年的税率核定征收。有3套住房的，第3套房按照2%—2.5%的税率核定征收。对于多套住房的，税率可以相应调高。

第四，从经济发达地区过渡到全国，从空置房、高端住房逐步过渡到所有住房。由于房地产税是地方性税种，具有高度的地方性特征，在房地产立法上可以由中央立法，但在具体政策设计和执行方面，不宜“一刀切”，应留给地方政府充足的自主空间，使得房地产税的税制设计充分体现地方特征。在具体执行层面，应从经济发达地区试点，总结经验，逐步过渡到全国，阻力较小。同时在开征初期，考虑居民负担水平和接纳程度，可从空置房、高端住房逐步过渡到所有住房。

（三）坚持适度稳健的货币金融政策基调

从国际经验来看，德国之所以能创造房价长期稳定的奇迹，稳健中性的货币政策与住房金融体系发挥重要作用，相反，日本美国的房地产泡沫背后都有货币政策长期宽松的痕迹。因此，房价的稳定与货币政策的稳健息息相关，长期的货币政策宽松不可避免地造成房地产泡沫。

1. 货币政策要保持稳定性

一般而言，货币政策目标主要有四个：经济增长、物价稳定、充分就业和国际收支平衡。近几轮经济周期的特征显示，中国宏观调控过多地强调了经济增长目标，而对于其他目标重视程度较弱。在经济发展的新形势下，考虑到潜在经济增速下滑和经济周期的平稳性提高，高速的经济增长不宜再成为宏观调控追求的主要目标。与此同时，中国经济发展还面临结构性失衡难题，结构性失衡和结构调整是一项长期而艰巨的任务，并非短期的总量扩张的经济政策所能解决。因此，宏观调控应更为关注结构性问题，为系统性改革营造良好的宏观经济环境。

从中国货币政策的目标来看，由于目标众多，当政策目标发生冲突时，中国货币政策往往在增长就业目标和稳定目标之间徘徊，从而出现阶段性偏差，加剧经济波动性并催生房地产泡沫。因此，为了控制房地产泡沫，货币政策应保持稳定，更应以物价稳定为目标。

2. 防范房地产金融风险向其他领域蔓延

对呈现“过热”迹象的楼市，中央和地方政府要严守政策底线，采取措施遏制房价过快上涨，同时可以实行差别化信贷政策；加大土地供应，增加房地产供给，综合运用财政、金融、土地等手段，防止房地产市场的过度投机。

（四）进一步优化土地供给制度改革

房地产长期稳定发展离不开土地制度的改革，“稳地价”要与“稳房价”“稳预期”目标协同推进，优化土地供给制度改革，有效降低地价对房价的传导机制。

1. 降低地价推高房价的传导效应

积极探索人口流动与建设用地指标挂钩的土地供

应制度，有序推进建设用地指标跨区域配置，改善流入地因承载大量流动人口而导致人地矛盾紧张的局面。加大住房供需矛盾紧张城市的住宅用地供给力度。就目前的土地政策与监管方面，住宅用地的最低供应比例要求落实并不十分理想，多数城市没有最高限价、熔断等限炒竞拍政策，部分城市土地供给数量不足、库存去化周期不足 1 年，保障性住房用地供给比例不高。与此同时，要加大集体建设用地入市力度。随着集体性建设性用地、非房地产企业依法取得使用权的土地以及农村宅基地进入土地市场，土地、住宅的供应渠道将由单一化走向多元化，政府将不再是土地的唯一供给者，进而有助于打破土地原有的垄断定价格局，降低地价推高房价的螺旋式传导效应。

2. 优化调整地方土地供给结构和用途管制

在中国工业化与城镇化进程中，存在着建设用地的总量扩张与居住用地相对稀缺同时存在的现象，即居住用地和工业用地供应结构的失衡。从特大城市两类供地指标的横向对比来看，纽约、伦敦、东京、首尔等国际大都市的居住用地占比多位于 42.2%—62.5% 的区间，而中国一线城市工业用地占比平均为 25%，居住用地占比长期低于 25%。这种现象的根源在于地方规划部门缺乏独立性，地方政府会通过干预土地利用规划等方式进行招商引资，导致居住用地供给偏少。为了防止土地供给结构的扭曲，应提高城市规划的权威性，城市土地利用规划需要充分征求居民意见，在城市规划中根据未来城市人口增长和产业发展状况，保障合理的土地供给结构。由中央相关部门确定一个居住用地和工业用地比例的合理区间，平衡好建设用地供应在住房需求和生产需求上的配置。探索新增土地供给结构与上年房价涨幅挂钩的制度设计，对于房价增长速度过快的城市，设置下一年度居住用地出让的最低比例。同时，要加快形成工业用地和商住用地间用途转换机制。随着城市边界的快速扩张，许多地块的区位条件已经不适于继续用作工业用途，将其转变为商住用地是城市发展的内在需要，探索工业用地用途变更的收益共享机制，解决存量工业用地退出难和变现难的问题，鼓励城市、镇进行合理的用地兼容与混合用地设置，进一步优化建设用地在不同用途间的配置。

（五）逐步完善多渠道住房保障体系

1. 坚持"政府保底、市场放高"的调控思路

借鉴新加坡、中国香港经验，采取"政府保底、市场放高"的"两手抓"政策，形成"高收入靠市

场、中等收入有支持、低收入能保障”的住房格局，建立市场与政府动态结合、有效衔接的多渠道住房保障体系。一方面，要按照住有所居的目标，以政府为主体提供经济适用房、租赁房等基本居住保障，逐步将常住人口纳入住房保障范围。另一方面，通过市场化调控思路，有序放开中高端住房市场，满足人民群众日益增长的多层次居住需求。与此同时，要逐步实现由以前市场化导向下的“重市场、轻保障”向新时代市场与保障并行转变，将保障作为增量改革和存量优化的重点。

2. 有序推进共有产权房探索

诺贝尔经济学奖得主奥斯特罗姆曾预言，21 世纪将是一个私有产权和共有产权形式混合出现的时代。尤其是在不动产权方面，许多欧美发达国家在过去数十年住房供应政策中已经逐步形成了一套相对完善的共有产权形式，比较有代表性的包括英国的共有产权和共享权益模式、美国的可负担住房模式、新加坡的公有住房保障模式以及澳大利亚的共有所有权模式。尽管各国在住房产权共有形式和政策上各有特点，但总体而言，共有产权住房政策的大趋势是以实现“居者居其屋”逐渐向“居者有其屋”转变为共同目标。一方面，共有产权住房制度类似于经济体制改革中的股份制或混合所有制，可以进一步激发住房市场的活力。另一方面，可以将中等或中等偏低收入群体的夹心层纳入住房保障体系之内，释放这部分群体的住房需求。未来中国可以在共有产权住房领域，加快推进改革试点经验总结和实践推广。

3. 加快完善多渠道住房保障体系

进一步夯实地方政府在落实保障房建设的主体责任，充分动员社会力量积极参与保障房建设和维护，继续完善以周转房、公租房、租赁住房、经济适用房、棚改安置房、共有产权房为主体的住房保障体系，积极完善租赁补贴政策，扩大住房保障覆盖面。继续实施城镇保障性安居工程，加快推进城市更新、棚户区改造、城中村建设等内涵式住房发展模式，努力实现住有所居、职住平衡。

（六）大力推进“租购同权”和“租售并举”

自2017年以来，中央连续印发《关于在人口净流入的大中城市加快发展住房租赁市场的通知》《利用集体建设用地建设租赁住房试点方案》，选取广州、深圳、南京、杭州等12个城市开展住房租赁市场试点，各地分别从保障承租人权益、供给、金融、财税、监管等方面进行细化。北京、上海、无锡、烟台、铜陵、洛阳、海南、云南等省市虽未被列入试点，但也出台保障租赁、积极探索建立“租购同权”制度等措施，大力推进“租购同权”和“租售并举”。

1. 完善住房租赁市场建设

在中国目前的住房形势下，仍然坚持以增量为主的调控方式已不适应市场化需求，应保证在一定增量供给的前提下去积极盘活租赁市场的存量，明确“租购并举”的住房市场长期发展思路。为此，政府有关部门必须出台相关政策，有效遏制房租过快上涨。一是加快落实房租抵扣个人所得税政策，有效降低中低收入群体房租负担。二是根据住房支付困难指标设定房租控制指标，对房租占可支配收入比重过高、上涨过快的城市政府，建立常态化的约谈和惩戒机制。三是加大租赁住宅用地的投放和开发力度，加快推进公租房建设力度，加快利用集体建设用地建设租赁住房的试点推广。四是建立政府租赁监管平台和租赁交易平台。如北京市推出的“1 + N”模式，通过住房租赁监管平台链接嵌入住房租赁交易服务平台，加大对市场化中介交易平台的监管力度。对炒作哄抬房租、变相抬价加价的房屋中介机构和租赁平台，进行约谈并处以重罚，严厉打击各种炒作和违规交易行为。适时建设政府中介机构、租赁交易平台并定期发布公租房信息，严厉打击公租房的转租和变相抬价行为。

2. 推进租购同权改革进程

由于中国存在区域发展差异和城乡二元结构，优质公共资源的分布往往过于集中。所以在中国的大多数城市，相继出台了租购不同权的差异化政策。如优质教育资源只有在该学区的购房者才能享有，而大多数租房者子女的入学权被排除在学区范围之外，这就直接导致了优质学区中的住房在市场炒作下具有更高的房价涨幅预期。在当前优质教育资源配置不均衡、择校冲动强烈的特大城市，通过推进“租购同权”并强调实际居住，逐步赋予租房者子女享有同等的优质学区入学权利，可以有效降低学区房等稀缺房源的热度和溢价率，让住房市场逐步回归理性。未来应围绕稀缺性的优质公共服务资源，加快推进立法进程，进一步完善“租购同权”的保障措施和实施细则。

参考文献

陈卫东、周景彤：《世界主要国家和地区住房调控政策经验与启示》，《宏观经济研究》2010 年第 3 期。

戴思源：《香港公屋政策的空间治理困境》，《城市与区域规划研究》2018 年第 4 期。

丁如曦、倪鹏飞：《房地产市场调控优化及深化改革：目标原则与路径找寻》，《改革》2018 年第 10 期。

范剑勇、莫家伟、张吉鹏：《居住模式与中国城镇化——基于土地供给视角的经验研究》，《中国社会科学》2015 年第 4 期。

郭克莎、黄彦彦：《从国际比较看中国房地产市场发展的问题及出路》，《财贸经济》2018 年第 4 期。

韩继东：《香港公屋政策与财政运营》，《中国财政》2008 年第 20 期。

何泽源、靳晓婷：《新加坡房地产业发展模式对我国的启示与借鉴》，《中国城市经济》2012 年第 3 期。

贾康：《中国新型城镇化进程中土地制度改革的新思路》，《经济纵横》2015 年第 5 期。

李超：《中国住房需求：结构分析与未来趋势》，广东经济出版社 2019 年版。

林霄：《东京与香港房产泡沫的破灭及其启示》，《发展研究》2020 年第 3 期。

刘诚、杨继东：《土地策略性供给与房价分化》，《财经研究》2019 年第 4 期。

刘华、黄安琪、陈力朋：《房屋空置税的国际比较与政策启示》，《税务研究》2019 年第 5 期。

刘小雪：《印度房市为何难走出寒冬》，《环球时报》2020 年 1 月 21 日。

陆铭、张航、梁文泉：《偏向中西部的土地供应如何推升了东部的工资》，《中国社会科学》2015 年第 5 期。

吕江林：《我国城市住房市场泡沫水平的度量》，《经济研究》2010 年第 6 期。

莫恒勇、李晟：《美国商业房地产市场分析》，《中国金融》2017 年第 1 期。

任泽平、夏磊：《加快建设房地产长效机制》，《经济日报》2018 年 8 月 3 日。

沈立人、戴园晨：《我国“诸侯经济”的形成及其弊端和根源》，《经济研究》1990 年第 3 期。

苏京春、盛中明：《德国房地产税的比较剖析与五大启示》,《中国财政》2019 年第 9 期。

孙秀林、周飞舟:《土地财政与分税制:一个实证解释》,《中国社会科学》2013 年第 4 期。

团结香港基金:《造地建房大落后　官僚繁琐待革新》,2020 年 4 月,https://ourhkfoundation.org.hk/sites/default/files/media/pdf/LH_Research_Report_2020_Chi.pdf。

咸春龙、赖明健:《“勾地”制度对症吗?》,《中国土地》2010 年第 2 期。

谢海生:《香港租购同权的实践及经验借鉴》,《中国房地产》2020 年第 16 期。

徐升艳、陈杰、赵刚:《土地出让市场化如何促进经济增长》,《中国工业经济》2018 年第 3 期。

薛熠、王若翰:《公共卫生事件的长期经济影响评估——基于 2003 年 SARS 事件的分析》,《宏观质量研究》2020 年第 4 期。

易宪容、郑丽雅:《“房住不炒”楼市定位的理论意义和政策选择》,《江西社会科学》2019 年第 5 期。

于雪:《房地产价格泡沫与拐点研究——基于日本东京和中国上海的对比分析》,《管理评论》2019 年第 9 期。

张莉、年永威、皮嘉勇、周越:《土地政策、供地结构与房价》,《经济学报》2017 年第 1 期。

张仁枫:《独具特色的印度房地产业:问题及其原因评

析》，《南亚研究季刊》2013 年第 1 期。

Baker S. R. , Bloom N. and Davis S. J. , Measuring Economic Policy Uncertainty, Quarterly Journal of Economics, 2016, 131 (4) .

Barnhardt S. , Field E. , Pande R. , "Moving to Opportunity or Isolation? Network Effects of a Randomized Housing Lottery in Urban India", *Cepr Discussion Papers*, 2017, 9 (1) .

后　　记

自 1998 年住房市场化改革以来，由于经济的高速发展以及城镇化的快速推进，加上一系列人口结构和政策因素，导致了中国住房需求的持续高涨。在此背景下，完善房地产市场调控体系，是坚决贯彻落实“房住不炒”重要定位和防范化解重大风险的必然要求。从世界上主要国家和地区的发展历程来看，在不同时期都经历过宏观经济与房地产市场发展的不平衡和不充分问题，既体现出市场运行规律的普遍性，又带有国情、区情的特殊性。因此，总结房地产市场调控政策的国际经验对于进一步丰富中国房地产市场调控体系、加快完善房地产市场长效机制而言，具有极为重要的借鉴意义和参考价值。

《房地产市场调控政策国际比较研究》的出版正值建党 100 周年，也是“十四五”开局之际，党的十九届五中全会提出“加快构建以国内大循环为主体、国内国际双循环相互促进的新发展格局”，在中国经济进入全新的、高质量发展阶段的背景下，如何更好地认识房地产调控的规律、把握趋势、为政策制定提供参考成为学术和政策研究者的责任和中心工作。

然而，随着国内外环境日趋复杂，房地产市场不稳定不确定因素明显增加，黑天鹅、灰犀牛事件频发，正在深刻地改变着国内外房地产市场运行的轨迹，也给传统的房地产调控带来前所未有的挑战。对于研究者来说，迫切需要在回顾、总结与反思传统的房地产调控措施的基础上，纳入国际视角，丰富和完善已有的调控政策框架和逻辑。

为此，本书从房地产市场调控政策的国际比较出发，通过总结美国、英国、法国、德国、日本、印度、新加坡和中国香港等世界主要国家和地区房地产市场发展的一般规律和经验教训，探寻房地产市场运行背后的深层次制度逻辑，科学评价房地产调控政策的有效性和实施效果，进一步明晰政府和市场在供给侧和需求侧、总量性和结构性、新房市场与存量房市场、居住端与投资端的定位与作用，并以财税政策和金融政策为主体，客观评价和分析总结出房地产市场调控的一般运行规律，从而为中国房地产市场的长效机制建设提供借鉴和参考。

本书的研究始于财政部税政司委托闫坤研究员的

课题“房地产市场调控政策国际比较研究”，在研究和写作的过程中，财政部税政司王建凡司长、余伟地副处长给予课题组巨大的支持和帮助，中国社会科学院大学博士生杨远旭、张晓珉在资料收集过程中付出了辛苦努力，在此一并表示感谢，同时也要感谢中国社会科学出版社副总编辑王茵老师为本书出版所付出的努力。本书对于房地产调控国际经验的总结难免带有局限，但我们的目的在于真实客观地展现全球房地产调控的逻辑和经验，希望给读者启发和借鉴。

作者

2021年3月5日

闫坤，中国社会科学院财经战略研究院党委书记、副院长，二级研究员、博士生导师。中国社会科学院城乡发展一体化智库副理事长，《财贸经济》副主编，中国财政学会和中国审计学会常务理事，享受国务院政府特殊津贴专家，“新世纪百千万人才工程”国家级人选。近年来，多次主持国家社会科学基金课题、国家发改委、财政部等部委课题和中国社会科学院重点课题，已出版专著《中国县乡财政体制研究》等5部，英文专著1部，合著《公共支出理论前沿》等15部，在《中国社会科学》《经济研究》《管理世界》等学术杂志上发表论文百余篇，其中多项成果被《新华文摘》转载，多次受到中央领导批示，理论研究成果直接发挥了为中央宏观决策服务、为实际经济工作服务的重要作用。荣获全国第五次（2012年）财政理论优秀科研成果一等奖、中国社会科学院第二届和第十届优秀科研成果奖、2015年度邓子基财税学术论文一等奖等多种奖项。